你知道嗎？

不知道……

那看看吧……

香港史學會叢書

香港都市傳說大百科

施志明 ————— 著 ————— 潘啟聰

序

蘇子曰：「寄蜉蝣於天地，渺滄海之一粟。」直白指出人生客寄塵世的渺小與局限。

人，既無法盡曉世事，亦無力掌控一切，尤其對人畜以外的未知世界最為恐懼和忌諱。然而，無知才能產生想像，忌諱才會化為信俗，恐懼感往往是人類塑造未知世界的最強動力，並透過口耳傳遞（傳說）的方式注入個人情感，是以同一項的傳說，藉不同人物的生動演繹，繪形繪聲，使任何無稽之說都增添實在感和可信性，這種虛實之間的感覺最吸引人。基於此，我將「志怪傳說」理解為人性恐懼感的情感投射。既然「傳說」是人類群體的情感反射，在「集體創作」的背後必然具有客觀的社會因素和歷史意義。

年前，施志明博士與潘啟聰博士合作，先後編撰《香港都市傳說全攻略》及《鬼王廚房》，以輕鬆跳脫的筆法探釋志怪傳說與風俗的文化意義，自兩書出版以來，屢次重印，甚受歡迎。今年再度合著《香港都市傳說大百科》，以「百科全書」之概念，選編二十一個個案，如：城大四

不像、溫莎狐仙、丁蟹效應、中大辮子姑娘……等，均是港人耳熟能詳的都市傳說。由於選題以近代為主，本書大量引用報章文獻及書刊資料，就該等傳說的起因與訛變作扼要介述，相信能帶引讀者對志怪傳說增進學術層面的理解。

本書既名為「大百科」，顯示兩位博士有志於信俗文化研究。積累歷年努力，現已取得小成，寄望以此為基礎，能就地方文化、族群生活與志怪傳說之形成、流播與發展作一系統理論建構，則更見裨益，功德無量，有厚望焉。是為序。

鄧家宙
於恆泰樓

前言

　　「都市傳說，有根不一定有據。」這是筆者剛在六月底播出的動新聞《港古佬》本季最終章的開首句。「根」，所指是根源、來源；「據」，所指是考證、考據而言。至於影片在短短數日間，隨着樹上蘋果落地，進入暑假狀態。或許，落地生根，成為新的都市傳說？

　　說回都市傳說在坊間流傳，往往與無「據」有關。人們聽某說，你聽某說，我聽某說。人云亦云，在相互增補故事的情況下，傳說茁壯發展起來。最重要，是大家喜歡聽。聽者驚心，講者開心，就是好結果。所以，說故事比考據容易得多。求真，終究要花些精神。

　　當然，筆者也相信有看官認為人生苦悶，在香港這片狹小空間，小迷團或許成為你一絲思考動力。

　　這本與潘啟聰博士合著的惡搞系列第三擊——《香港都市傳說大百科》，書寫方法上與第一本《香港都市傳說全攻略》較為相似，而最大分別是沒有地域限制。前者，由於仿照旅遊書，所以會找相關地點配對。但這次惡搞「大百科」，題材分門按條目，便可推展至社會或經濟相關的題材，而大體上區分四門類別：

第一章，異獸類：凡神獸、靈獸、動物精怪之類構成之傳說；第二章，鬼怪類：凡人形鬼怪之類構成之傳說；第三章，地域類：凡因地緣關係構成之都市傳說；第四章，其他類：與民間風尚、習俗有關之都市傳說。

各門類共計二十一個香港坊間耳熟能詳的個案，運用上不同的學術理論或方法剖析。為了對應「百科」的理念，我倆相信「學術」（研究學問的方法）並非囿於「象牙塔」，而更應在於「大眾」。當大眾擁有「求真的精神」、「求真的方法」，傳說中、現實中的荒謬絕倫，理應得到有效的拆解。

但是，如果「都市傳說」是日常生活的調劑，被戳破了，想像破滅了，又是否是好事？或許，選擇活在傳說、想像之中來得輕鬆快活。或許，選擇盡在真實、考據之中落得筋疲力盡。

歲月留痕，都市傳說有些幾近被湮沒，但反映了一代又一代的集體創作意識及文化形態。記錄了，做些考證，或許保留痕跡，成為了「根據」。

在此，相信這一系列的「100% 非純學術」有無用之用。

共勉。

施志明

目錄

第一章

異獸類

第二章

鬼怪類

目錄

第三章

地域類

第四章

其他類

第一章

異獸類

＃異獸類

別碰四不像

 請問妖怪博士井上円了先生，妖怪是甚麼？

不思議者為妖怪！

 呃……這麼簡單？

對！異常及變態者即妖怪！

就是這樣？

好罷，再詳細一點：
通俗所指之妖怪，乃指普通之知識不
可知，尋常之道理不可究者。

這定義好多了。

看來以你的資質，你會見到許多妖怪。

為甚麼？

愚民隨見而其理皆不可知，故
事事物物皆妖怪！

*#%$@^?!

有關四不像的傳說

　　跟其他地方不一樣，不知道是甚麼原因，校園總是醞釀了許多傳說和鬼故事。或許，是因為年青人要展示自己的勇氣，因此故意在朋輩間傳播恐怖故事？！又或許，是有鑑於學長用鬼故事嚇倒學弟產生了成就感，繼而一代又一代地薪火相傳？！總而言之，不論是哪一間學校，總會有一兩個恐怖故事在學生之間流傳。有些故事更是傳得街知巷聞，即使你不是該學校的學生或校友也會聽聞過。香港中文大學的辮子姑娘傳說正是一個很好的例子。本章跟各位讀者分享的是香港城市大學內流傳的其中一個傳說 —— 四不像的傳說。

　　四不像的傳說其實十分簡單，一句話：「要畢業，別碰牠！」可是，要傳到學生間都普遍知道這傳說，那當然不會這麼簡單。不然的話，筆者亦不會花一章節來講述它。香港城市大學的四不像位於大學達之路出口，面對又一城。甚麼時候開始傳出碰了牠就不能畢業的源頭難以考查了。其實，依筆者撰寫及閱讀都市傳說的經驗而言，守護像出現靈異事件不出幾個原因：（一）守護像因某些原因成精怪（例如：年代久遠、吸收了日月精華、風水的問題等）、[1]（二）守護像造型上出現問題（例如：張口咆哮

1　　麥敬灝：〈兵頭花園石獅異聞〉，《信報》，2016 年 3 月 21 日。

像、過於栩栩如生、口內含珠等）、[2]（三）因地理原因而被地方精怪附身。[3] 然而，當某事物奠下了作為傳說的基礎以後，傳說的故事內容就像滾雪球般愈來愈豐富。

以「要畢業，別碰牠」作基礎，開始有傳聞某某學生因碰過四不像而未能畢業。後來，更傳有大膽的學生嘗試挑戰及打破傳說。之前，當筆者仍在城大就讀時就聽過以下的傳說。傳聞指有學生故意在行畢業典禮的當日，在行禮之前去觸摸四不像。那麼，當他行禮時傳說就自然被打破了。可是，畢業典禮上，同學們發現他不在場。典禮過後，同學們竟接到那位同學的死訊。那位同學在四不像對開的一段馬路上遇上車禍身亡。同學們都感到很詫異。只要了解九龍塘環境的人都知道，由於城大有隧道直通對面的又一城，城大師生一般都很少在地面橫過馬路。況且四不像對出一段馬路全是欄杆，斑馬線又不是距離很遠，沒有人會選擇在那段路危險地過馬路。再者，那段馬路前後都是一大段直路，不容易發生汽車撞人的交通意外。四不像詛咒是故事裏唯一的解釋。

傳說的流傳再加上學生的吹捧，令四不像的傳說成為城大學生之間最有名的傳說之一。《香港 01》在 2017 年有一篇專題報道，寫〈讀 CityU 你要知〉就是以「四不

2 詳細可參考拙作《香港都市傳說全攻略》頁 34-42。

3 尹天仇：《排在龍尾別回頭：令人顫慄的都市奇談》（香港：文化會社有限公司，2018），頁 146-148。

像唔好亂掂」作副標題。據該篇報道所載,有城大同學指有迎新營把「爬上四不像」作為其中一個任務,測試新生膽量。[4] 足見這四不像傳說是如何深入城大學生的心中。有趣的是,城大裏亦有流傳一些其他傳說,與四不像傳說結合起來看,可以見到一種明顯的現象:那就是傳說多半與學生關心的事情連結在一起,藉由傳說的流傳建立了一些學生的禁忌。例如,「紅門進出」的禁忌、「往來二至四樓」的技巧都一樣是與畢業和成績連結在一起的傳說。

|紅門圖|

「紅門進出」禁忌的產生背景是城大對着圖書館入口的五道門。有傳學生不應該進出中間的一扇門。為甚麼呢?很簡單,因為兆頭不好。從中間的一扇門出,隱含了「中途退出」(輟學)的不祥寓意。如果有貌似大學生的讀者想試一試吸引途人目光,你可以在城大裏走一走中間的一扇紅門。這舉動定必惹來不少驚訝的城大學生目光。

4　　過期大學生:〈【讀 CityU 你要知】四不像唔好亂掂　坐輪椅都要 Dem beat?〉,《香港 01》,2017 年 8 月 28 日。

|我有特別上下樓梯技巧圖|

另外，城大學生之間又有傳「往來二至四樓」有特別的技巧。二樓走上三樓，三樓走上四樓都沒有問題。那是因為兆頭好。等第績分平均（grade point average, GPA）二上三、三上四都是好事。因此，兩層之間的扶手電梯在學生之間更是直接以「三上四」來命名。不過，向下走的話，那就兆頭不好了。故此，有學生因介意兆頭的問題而在往下層走時不用電梯／樓梯而乘搭升降機呢！

學術台

醞釀傳說所需土壤

細心的讀者可以察覺得到，本章所講述的傳說都不是一些有甚麼古老根據的傳說，也沒有與甚麼宗教事件扯上關係。它們只是涉及了大學生一些學業上的兆頭。這竟也可以構成都市傳說，並在學生之間傳得沸沸揚揚。為甚麼呢？其實，背後的原理十分簡單。只要有人的存在，只要有人不懂得的事，那裏就可以為傳出妖怪提供所需

的土壤！本章餘下的篇幅就向各位對都市傳說有興趣的朋友介紹一本經典書籍，那就是日本學人井上円了（1858-1919）的《妖怪學講義錄》。

井上円了大作《妖怪學講義錄》。

　　傳說中提及的四不像肯定不是甚麼善茬。作為大學的守護像，不是要護大學及師生的周全嗎？為甚麼摸一摸、碰一碰就會遇上厄運？就讓我們當牠們是妖怪般看待吧！何謂妖怪呢？據井上的說法，「隨見而其理皆不可知」之事物即妖怪。

　　按井上的邏輯推論，當人的生活中包含了未可知性的範疇，妖怪也好、傳說也好、靈異事物也好，它們就有存在的空間。學業固然包含自身努力的範疇，筆者亦相信在學習方面，天道酬勤，人愈是勤力，累積的知識就愈多。可是，求知識與求分數的確是兩碼子之事。勤力是分數高的其中一個條件而已，求分數高還有許多人力未能控制的部分，例如：小組功課的組員好不好、老師的評分標準是否清晰可依、考試日的狀態如何等。是以，即使是大學生之間（我們心目中的高級知識分子）也會流傳一些校園傳說，而且往往跟成績好壞及畢業扯上關係。

傳說的存在確為事實，下一個問題是，會有人相信嗎？從傳說流傳了這麼久，而且仍有新生被要求爬上四不像以顯示膽量來看，這些傳說應該是有人相信的。為甚麼呢？背後的心理其實很簡單，《妖怪學講義錄》是這樣說的：

> 且人誰不祈一身之幸福、一家之安全耶，而時時不免禍難，欲預防之，則又不能前知，於是百方盡力，發見預定吉凶之風雨針，而卜筮人相諸術遂行於世，若夫知風雨針之不足恃，而代之以避雷柱，雖際會禍難而無害，利莫大也，是又妖怪學應用之結果也。[5]

趨樂避苦的心理，人皆有之。知識比較豐富的人確實會比一般人少一點迷信，多一點理性。可是，一來世上沒有人能夠認識一切知識，二來在趨樂避苦心理的作用下，人們難免會不敢去挑戰流傳的傳說。縱使是知識分子，心裏希望求多一點幸福，少一點厄運，這樣做亦可謂無可厚非呢！

說起來，想當日亞泉學館之所以會翻譯井上円了的

5　　井上圓了：《妖怪學講義錄（總論）》（北京：東方出版社，2014），頁3。

《妖怪學講義錄》，與筆者之所以撰寫拙作的動機，可謂不謀而合呢！

> 余自初知學問，涉略理科，常以天下事物，有果者必有因，有象者必有體，無不可以常理推之，無所謂妖怪也。於是將幼年所聞怪妖之談論，所受妖怪之教育，洗濯淨盡。又憫家庭之內，社會之間，常窟穴無數之妖怪，思一切掃除之。惟自知學力未足，他人之所謂妖怪者，吾雖常決言其非妖怪，而不能確言其非妖怪之所以然，又不能證明他人所以誤為妖怪之故，惟覺妖霧漫空，使人迷眩而不知方向耳。聞日人井上圓了氏，有《妖怪學講義》之著，甚見重於其國人，甚有益於其民俗，購而讀之，煌煌巨冊，其精思名論，令余欽佩崇拜，不可名狀。[6]

在向讀者講述都市傳說和鬼故事的同時，亦重視背後的文化土壤及藉學術理論進行拆解，筆者有幸跟前賢同樣有着「持筆衛道」及「寫妖除魔」之心呢！

6　同前註，〈初印總論序〉。

異獸類

溫莎狐仙

 你剛剛講過你想養狐狸？

是的，不行嗎？

 狐狸能成為寵物嗎？

我見 YouTube 有個［由零開始養］
系列，真的有人養！

 難不成你想養狐狸精吧？

思想污穢！我去告訴你老婆。

溫莎公爵大廈狐仙事件

　　不知道大家對狐狸有甚麼印象呢？由於筆者比較喜歡養另種寵物，我倒是有在 YouTube 的影片八卦過狐狸能不能養，要養的話要注意甚麼云云。最後，我還是決定普普通通地養了一隻小蜥蜴就算了。

　　大家不要小看狐狸這種生物。牠們自古至今在人類文化裏都可是數一數二的風頭躉。在《封神演義》裏，紂王之所以亡國，化身蘇妲己的千年狐狸精絕對脫不了關係。在《聊齋誌異》裏，說狐狸是主角之一亦不算過分吧？曾經風靡一時的漫畫《火影忍者》男主角身體裏就住了一隻九尾狐。2020 年的時候，就連韓劇都以九尾狐為題材，找來男神李棟旭拍《九尾狐傳》。可見，狐狸真的有媚惑人心的魅力啊！

筆者養的普普通通寵物小蜥蜴藍舌子萌照

　　香港就曾經發生過一件與狐狸有關的奇異事件。在
1980 年代，在溫莎公爵大廈發生了一件狐仙事件。傳言
在溫莎公爵大廈的雲石牆上出現了狐仙的樣子。事件轟動
一時，據說當年有許多人慕名到大廈參觀。當時這事情可
謂鬧得沸沸揚揚，不論是電視節目還是報紙皆有追訪和
報道。

　　那事件吸引力之大甚至有人將其搬到大銀幕上。
1992 年電影《大迷信》上映，電影中首個故事就是在談
溫莎公爵大廈狐仙事件。電影裏指溫莎公爵大廈出現狐仙
的原因，是因為大廈裏有某間商店為吸引顧客，聘請了一
位風水師從胡文虎住處附近的一個狐仙竇 —— 實為一棵
榕樹，招請了七位狐仙到大廈去。那位高人這樣做，原因
是狐仙有誘惑人、吸引人的法力，希望藉此催谷顧客流
量。然而，事與願違，自此之後大廈裏陸續出現了不少怪
事。雲石上展現了狐仙的樣子就是其中的一件事。溫莎公
爵大廈當時的確人流劇增，可是卻多半是來看熱鬧的、來
看牆上狐仙的、來數數有多少狐仙的。那當然是困擾大於
益處了。於是，那位高人又嘗試把狐仙們從溫莎公爵大廈
趕走。他在所有的通道上貼下了符咒，目的就是把狐仙們
都捉回來。據電影的故事所示，捉回狐仙的計劃百密一
疏，那高人遺漏了一條地下的通道。那通道是其中一條地
下鐵的通道，令狐仙有機會藉由該處逃離大廈。電影更指
出狐仙逃離大廈以後，附身在一所屋苑對面的榕樹上。在
狐仙的影響下令屋苑內的人死的死、瘸腿的瘸腿。

　　有這樣轟動性的事件發生了，那豈不為都市傳說的產生提供了肥沃的土壤嗎？以下的傳說可謂香港都市傳說經典之一，不只載於書本上，網絡報章及電台亦有流傳。[1]

　　有傳在 1981 年，一對夫婦包下了某酒家的場為自己的兒子擺滿月酒。宴會過後，一家三口正常地回家就寢。就在宴會當晚，那位媽媽就做了一個惡夢。在夢中，有一隻紅眼尖牙的狐狸向她怒罵，說她們夫婦二人對牠不敬。在牠的地方設宴都不向牠敬杯酒，那是不給牠面子，更揚言要吃掉她的兒子。當婦人從睡夢中驚醒過來後，她立即弄醒身旁的丈夫，並告知丈夫她在夢中經歷的一切。二人立即趕往嬰孩房看看兒子如何。二人開燈後赫然發現兒子臉無血色且沒有呼吸，送往醫院亦返魂乏術。驗屍報告竟道出一個令人費解的死因。報告指嬰孩是因為血液被抽乾而導致死亡。愛子剛剛滿月就慘死，做父母的自然不會就此罷休。回想起夢中所歷，夫婦二人回到設宴的酒家查看。果不其然，他們在酒樓外牆的大理石上發現仿如狐狸

1　　尹天仇：《排在龍尾別回頭：令人顫慄的都市奇談》（香港：文化會社有限公司，2018），頁 136-139；潘紹聰：《鬼王說》（香港：宇宙出版社，2019），頁 40-41；喬納森：〈【真係咁猛鬼？】溫莎大廈驚現狐仙　狐狸頭雲石引全城哄動〉，《香港 01》：https://www.hk01.com/%E7%86%B1%E7%88%86%E8%A9%B1%E9%A1%8C/226641/%E7%9C%9F%E4%BF%82%E5%92%81%E7%8C%9B%E9%AC%BC-%E6%BA%AB%E8%8E%8E%E5%A4%A7%E5%BB%88%E9%A9%9A%E7%8F%BE%E7%8B%90%E4%BB%99-%E7%8B%90%E7%8B%B8%E9%A0%AD%E9%9B%B2%E7%9F%B3%E5%BC%95%E5%85%A8%E5%9F%8E%E5%93%84%E5%8B%95。

頭形狀的石紋。有傳是一個頭，[2] 亦有傳是至少七個頭[3] 總而言之，狐狸殺死嬰兒，把其血氣吸乾的都市傳說不脛而走。後來更是出現了加強版的傳說，加強版有傳曾在該酒家辦過滿月酒的孩子都相繼離奇死亡。[4]

這傳說還衍生了一個後續的傳說。有傳大廈後來在高層設置了一個小型兒童遊樂場，卻又不對公眾開放。一說是為了被狐仙奪去生命的孩子提供遊樂的地方，以平息他們的怨恨。又有一說指是為了在大廈出現的兩大五小狐仙而設。不過，不管「用家」是誰，似乎「祂們」的確很喜歡這些遊樂設施。因為相傳每到夜晚，那個明明不對外開放的遊樂場都會傳來孩子遊玩的笑聲。

學術台

是仙又是妖的角色

筆者在撰寫這一章的時候，發現在現存的資料中有人以狐仙稱呼溫莎公爵大廈傳說的主角，也有人用狐妖來稱

2   尹天仇：《排在龍尾別回頭：令人顫慄的都市奇談》（香港：文化會社有限公司，2018），頁 137。

3   喬納森：〈【真係咁猛鬼？】溫莎大廈驚現狐仙　狐狸頭雲石引全城哄動〉，《香港 01》。

4   潘紹聰：《鬼王說》（香港：宇宙出版社，2019），頁 41。

呼牠。到底主角是仙還是妖？又或者，仙和妖之間有甚麼
分別？道教研究者林漢標有以下的說法：

> 1981 年，香港溫莎公爵大廈也曾出現過狐妖害
> 人的傳聞，命案發生後，據說大廈地下正門口牆上
> 雲石花紋出現狐妖圖案，弄得人心惶惶，後來商場
> 管理部門換掉了大雲石，事件才慢慢平息下來。民
> 間的習俗，人們對狐妖既驚且怕，不敢直呼「狐狸
> 精」的名號，而以「狐仙」尊稱。內地不少地方也
> 蓋廟安頓，以祈求平安，禳除禍患，如龍虎山的狐
> 仙堂便是。[5]

按照林漢標這說法，溫莎公爵大廈的狐狸明顯是壞
蛋的角色，只是因為人們對其法力感懼怕才因而以「仙」
尊稱牠們。那麼，在中國文化裏，妖、魔、鬼、怪有沒
有甚麼分別呢？所有狐狸都是狐狸精嗎？所有狐狸精都
是妖嗎？根據學人鄺明威的定義，妖、魔、鬼、怪各有
不同。[6]

5　　林漢標：〈道教眼中的精靈 —— 從萬物有靈論探討道教的教化思
　　　想〉，香港道教學院：《香港道訊》，2016 年 12 月，156 期，頁 4。

6　　鄺明威：〈妖、魔、鬼、怪〉，香港道教學院：《香港道訊》，2016
　　　年 12 月，156 期，頁 7。

妖、魔、鬼、怪定義一覽

妖	是指地上的各種自然反常現象，也指人類社會的反常表現。
魔	是古代中國與印度文化交流的結果，魔在佛教中有擾亂、破壞、奪命等意思。
鬼	原指某種猛獸變成的精怪，到了周代成了人死後之靈魂的專名。
怪	是指各種自然物，從飛禽走獸、游魚爬蟲，以至山河草木，老而成精，就能通靈變化。

大概由以上的定義可見，所謂「精怪」以及祂們的「法力」基本上是來自「老而成精，就能通靈變化」。林漢標的說法更為詳細，他指出：「任何大自然的東西，無論是有機物或是無機物，動物或是植物，人工物還是非人工物，只要它們吸收日月精華、天地靈氣，通過不同階段的修煉，同樣可以幻化為人的模樣，甚至有人一般的智慧。」[7] 以此定義繼續回答之後兩條問題，不是所有狐狸都是狐狸精，要視乎其有沒有修煉及修煉階段而定。至於是否所有狐狸精都是妖，答案是否定的。那要視乎其行為而定，若其引起怪異反常之事則為妖，若其擾亂人間、阻礙人修道則為魔。

那麼，世上可真有狐仙嗎？根據道教的世界觀而言，答案是肯定的：有。所謂「通天下一氣耳」（《莊子》），

7　　同註 5。

|狐妖進階圖|

人、萬物、星宿、鬼神都是氣化流行而生成，萬事萬物本質上都是相同的。因之，人可以透過為善和修行而位列仙班。同理，一隻狐狸、一塊石頭、一條蜥蜴、一棵樹均可以透過為善和修行而位列仙班。因此，世上可真有狐仙啊！

　　總而言之，「狐狸精」、「狐妖」、「狐仙」的分別是甚麼呢？成為「狐狸精」是因「老而成精」，那只代表可以幻化為人的模樣，有人一般的智慧；成為「妖魔」則因為行怪異反常之事、擾亂人間；成為「仙」則是透過為善和修行而位列仙班者。

＃異獸類

鳳凰已死

 香港有鳳凰嗎？

有，傳說是有的。

 那麼牠在哪裏呢？

傳說牠在大嶼山的鳳凰山。

 竟然？真的？讀者們可以去看看嗎？

呃⋯⋯有傳牠被人釘死了⋯⋯

 噢⋯⋯真的不可以去看看嗎？

嗯⋯⋯可以的，有傳釘死牠的釘子壞掉了，牠又浴火重生了⋯⋯

香港有鳳凰？

　　不知道讀者們認識多少中國傳統故事裏的神獸呢？青龍、白虎、朱雀、玄武相信大家都聽過吧？饕餮、麒麟、望天吼、狻猊、貔貅等你們又聽過嗎？夔、犀渠、諦聽、窮奇等估計可以難倒你們吧？

　　饕餮、望天吼、狻猊、貔貅有傳是龍的兒子。當中饕餮和貔貅可有名了。時至今日，饕餮可能滿街都是呢！讀者們心裏一定在怪筆者開甚麼玩笑了。其實，饕餮在語文運用上可解釋為「吃貨」呢！饕餮食慾旺盛，因此我們現在亦把嘴饞的人稱為「老饕」。至於貔貅，不少人都有佩戴貔貅的習慣，認為其有開運和辟邪的功效。然而，大家又知道嗎？有一種人特別喜愛佩戴貔貅 —— 那就是賭徒了。有民間說法指貔貅的造型沒有肛門，是一種光吃不拉的神獸，因此賭徒特別喜愛佩戴，取其喻意只贏不輸，財富有入無出。

　　近年來，C 片可謂大行其道。每年上映的電影不是喪C 就是吸血殭 C，總之年年總有兩三部在戲院的大銀幕出現。這可謂另類的戀屍癖了。不過，吃人的怪物、復活的殭屍可不是西方專美啊！根據《山海經》的〈中山經〉所示，犀渠就是一種吃人的怪物：「又西一百二十里，曰釐山，其陽多玉，其陰多蒐。有獸焉，其狀如牛，蒼身，其音如嬰兒，是食人，其名曰犀渠。」至於殭屍，《續子不語》〈第三卷〉中有「犼」一節，當中指犼就是殭屍所變：

「常州蔣明府言：佛所騎之獅、象，人所知也；佛所騎之犼，人所不知，犼乃殭屍所變。」又謂「屍初變旱魃，再變即為犼。犼有神通，口吐煙火，能與龍鬥，故佛騎以鎮壓之」。文中指「佛騎以鎮壓之」的犼正是觀世音菩薩的座騎呢！看啊！不要光是被外國進口的吸血鬼、喪屍、科學怪人等角色吸引，其實中國傳統故事亦十分多采多姿呢！

大家請放心！今日要跟大家談的並不是甚麼鮮為人知的角色，而是各位讀者都耳熟能詳的 —— 鳳凰。

香港鳳凰傳說

到底香港有鳳凰是怎麼一回事？以下是綜合報章及網絡的說法而得出的故事。

大嶼山島上最高的山峰為鳳凰山，同時亦為全港第二高的山峰。《新安縣志》指山的形狀猶如鳳閣，故此山得鳳凰之名。《山水略》：「鳳凰山在大奚山帳內，雙峰插雲，形如鳳閣，與杯渡山對峙。中有神茶一株，能消食退暑⋯⋯名曰鳳凰茶。」鳳凰山主峰為鳳峰，副峰為凰峰，鳳峰凰峰中間的坳位便稱「鳳凰門」。鳳凰山經常雲霧縈繞，山下有石碑刻着「鳳凰飄緲」四字。不過，山高自然景美，鳳凰山乃

我係全港最高！
我都係第二啦！
大帽山
鳳凰山
兩山鬥高圖

|鳳凰猝死圖|

觀賞日出和雲海的熱點，因之有「鳳凰觀日」之美譽。

可是，鳳凰死了。為甚麼呢？網絡上流傳 2005 年 5 月竣工的心經簡林，其設計暗藏玄機，總體的設計是個極陰毒的風水陣。心經簡林所在之處，其為鳳凰山風水龍脈，猶如鳳凰之咽喉處。心經簡林形如釘子，以「8」字形 —— 更準確的是以「無限」之符號，在山脊龍脈上打下釘子；更甚者，通往心經簡林之路亦形如眼鏡毒蛇。有傳此佈局之意是，先以巨釘施以鎖喉釘死鳳凰，再用毒蛇盤纏吸盡鳳凰靈氣。

後來，鳳凰又活過來了。為甚麼呢？因設計者過身及簡林被白蟻侵蝕，靈鳥鳳凰才倖免於難。

以上就是香港的鳳凰傳說了。

誰敢說鳳凰是凡鳥？

上文提及了鳳凰，忽然令想作者想到要為鳳凰平反一下。

作為一位大學教師，筆者經常都提醒學生不要盡信網上的資料。學人投稿學術期刊，有多方專家審批，可以在學術期刊登出的文章都有一定的質素保證。可是，網絡上的資料呢？誰寫、誰審都不知道，可信程度可想而知。就例如網上有一篇文章，來自 kknews.cc 標題名為〈鳳凰和朱雀有何差別？翻遍古書，原來鳳凰給朱雀提鞋都不配！〉可是，實情真的是這樣嗎？鳳凰真的有這麼遜嗎？

很早以前已經有學人提出過「鳥」是商朝圖騰崇拜的物件。于省吾寫有〈略論圖騰與宗教起源和夏商圖騰〉一文，文中指出了「鳥」是商朝圖騰崇拜的物件；胡厚宣就寫了〈甲骨文商族鳥圖騰的遺跡〉[1] 及〈甲骨文所見商族鳥圖騰的新證據〉[2] 兩篇文章，在兩篇文章裏他討論了鳥圖騰在甲骨文中的證據，並考察了「王亥」的「亥」字之甲骨

1　　胡厚宣：〈甲骨文商族鳥圖騰的遺跡〉，《歷史論叢》，1964 年第一輯。

2　　胡厚宣：〈甲骨文所見商族鳥圖騰的新證據〉，《文物》，1977 年第2 期。

文書寫方法。兩位學人都是重要的古文字學學者，而他們均意識到「鳥」圖騰在商代的宗教文化之中有舉足輕重的地位。鳳更是神話傳說中的神鳥，可想而知牠的地位有多重要。

筆者之前曾撰寫了〈由甲骨文的「隹」部文字看殷商的圖騰崇拜〉一文並刊於《殷都學刊》之上，該文正是討論「隹」部文字的獨特性。在甲骨文之中，「隹」部的字（「隹」本身是短尾雀鳥之象形文字，亦為「鳥」類字之部首）有特別地位，甚至說其具有宗教涵意亦不過分。

首先，「隹」部是少數擁有指涉神話動物文字之部首。「鳳」字就是指涉神話動物之字。在甲骨文之中，雖然「龜」部及「兔」部亦有可解作靈獸的字（例如「兔」部中有「麐」一字可解麒麟），可是對龜與麟作崇拜的史料並不多。再者，龜與麟均不是神話傳說的動物。龜是現實生活中的動物，這是不待言的。至於有關麒麟一詞，姚孝遂在「麐」一字的按語之中謂：「典籍所稱之麒麟，當即今日之長頸鹿，惟傳說異辭耳。」有關「鳳」是神話動物的支持，查先秦時期的典籍，《詩經》、《尚書》、《論語》等都有相關的描述。《詩經・卷阿》：「鳳凰于飛，翽翽其羽，亦集爰止」意指鳳凰乃百鳥之王，當牠振翅高飛，百鳥慕而隨之；至《尚書・益稷》中的「鳥獸蹌蹌，〈簫韶〉九成，鳳皇來儀」及《論語・子罕》記孔子之言「鳳鳥不至，河不出圖，吾已矣夫」，文中提及「鳳鳥」是因為牠

是一種神鳥，當牠出現時代表天下有大安寧，故被視為祥瑞的象徵。後來的《說文解字》亦指：「鳳：神鳥也。」。

其次，「隹」部的字經常指代自然事物及災禍，此乃其他動物類部首的字所不見的。

部首	數目（字）	備註
魚	15	
牛	47	
羊	24	
犬	14	
豕	31	
馬	21	
兕	2	
象	2	沒有字可解為自然事物或災禍
莧	1	
鷹	3	
龜	6	
鼠	2	
虎	32	
兔	9	
鹿	12	
熊	1	
龍	14	有 1 字可解為災咎（編號 1827）
龜	9	有 1 字可解為蝗禍（編號 1881）

在「隹」部之中，可解為自然事物的字有七個，而可解為災禍的字有五個。其數量可謂超過其他動物類部首。在「隹」部之中可解為自然事物的字全都指代天文現象。

字	編號	釋義
	1748	小風
	1761	有風（名詞）
	1762	霧
	1763	陰晴之陰
	1769	風雨之風
	1770	「風」字之異構
	1796	星名

　　更有趣的是，「鳳」字在甲骨文的卜辭之中可解為風雨之風。姚孝遂釋鳳字明確地指出 字為「象鳳鳥之形」。[3] 卜辭之中以鳳為風是由於風本無形可象，故假借鳳字代表。

　　為甚麼偏偏是以「鳳」代風呢？為甚麼殷人要以「隹」部的字指代天文現象呢？我們可以作這樣的了解：殷人尚巫，他們認為自然事物背後皆有神力的掌管。以「隹」部字指代害怕及崇拜的自然事物和災禍，他們認定「鳥」有超自然的神力。「隹」部的字不只是用以指代一般的自然事物和災禍，更全部指代天文現象。加上恰巧選「神鳥」

3　　于省吾主編，姚孝遂按語：《甲骨文字詁林》（北京：中華書局，1999），頁 1714。

之字假借為「風」，這些種種都不是偶然的。筆者推測，因為鳥能在天上飛翔，故此被認為有駕馭天空的能力。身為百鳥之王的鳳，即使不是風的掌管者，也對風有一定的影響力。

「鳳」字無疑是神話傳說中的神鳥之象形字。從古人言談中可知，牠的出現是一種代表政治清明和社會昇平的祥瑞。在殷人眼中，牠更是有掌管或影響風的神力。

誰敢把鳳凰視作凡鳥？小心大風把你吹走！

龍戰水怪

 # 異獸類

 現實世界有龍嗎？

有，傳說是有的。

 我指現實世界，你怎麼說傳說？！

傳說牠在藍田邨第十五座的外牆上。

 竟然？真的？讀者們可以去看看嗎？

呃……那座大廈遭拆卸了……

 噢……真的不可以去看看嗎？

嗯……可以的，只是沒有了彩龍圖案，而變成是劉德華的墨寶了……

藍田彩龍鬥水妖

龍，一個大家經常會聽到的字。

大家每日都會成為龍的一部分：人龍。大家早上和黃昏都會身陷其中：車龍。在身處車龍時令你感到絕望的：龍尾。前鋒好想入，守門員好想守的：龍門。好像跟屈原有關，但其實完全無關的：龍舟。不是《西遊記》的悟空那悟空好想要的：龍珠。香港各大書報攤有售的著名薄薄的刊物：《龍虎……門……》。

本章就是要跟各位讀者講香港有一個關於龍的傳說。（讀者：不會又是甚麼人龍車龍的爛 gag 吧（๑ д ๑）?!）

作為亞洲四小龍之一的香港，又怎會沒有龍呢？（讀者：果然係爛 gag ╱ˋ＿ˊ╲……）在位於九龍東的藍田邨第十五座就曾經出現有關龍的傳說。這個傳說有多個版本，以下就讓筆者為各位讀者一一講述。

受傷賠償版本

有傳在興建藍田邨的時候，有工人報告開鑿時像鋤傷了類似龍的物體。之後，地下冒出了血水般的液體，但工地裏卻找不到任何受傷動物或屍體。不知為何消息竟在建成的藍田邨傳開，導致人心惶惶，於是政府便於建成的第十五座外牆上繪畫飛龍圖案以安定人心。

風水治邪版本

藍田區一直豪雨成災，常常遭遇水患，甚至有人命傷亡。區內流傳是由於有水怪為患所致。故此，有人建議在第十五座的風水牆外，繪畫一條六層樓高的巨大彩龍以鎮壓水怪。

考古發現版本

又有一說指當年在施工期間在第十五座的位置發現恐龍化石，遂於第十五座的外牆繪畫彩龍圖案以作紀念。（根據報章所綜合的資料，香港在東平洲曾發現植物和昆蟲化石、在荔枝莊曾發現植物和副狼鰭魚化石、在馬屎洲曾發現植物和貝殼化石、在元朗曾發現胞子化石，以及在白沙頭洲曾發現盾皮魚化石。資料中並沒有在藍田曾發現恐龍化石之紀錄）

政府官方版本

政府官方的說法則是，在 1970 年 8 月落成的藍田邨第十五座實為全港第五百座公屋。為慶祝這具紀念性的數目，工務司署因此在第十五座的牆上繪畫一條彩龍圖案以作紀念。

　　除了在藍田邨第十五座的外牆上為甚麼會有彩龍圖案引發了不同的傳說外，龍的角色是好是壞亦有不同版本的說法。

龍之怨憤版本（受傷賠償版本的延伸）

在第十五座外牆上繪畫彩龍圖案雖說是用以安定人心，可是卻似是安定不了龍心。受傷的龍仍然心有怨憤。第十五座入伙之後，不少居民都指出他們在半夜裏聽到滴水的聲音，而翌日出門時發現整條走廊非常潮濕，四處都是小水窪。居民間流傳是龍在移動時，每每都會弄濕走廊。

中國文化小知識

為甚麼龍好像和水分不開呢？

在各位讀者都耳熟能詳的《西遊記》中，龍王就有東海龍王敖廣、南海龍王敖欽、北海龍王敖順、西海龍王敖閏、涇河龍王等。他們的名號全都與海、江和河等有關。在涇河龍王的故事及與虎力鬥法的故事中，我們更可以見到龍王的工作是負責降雨的。早在《山海經》之中，龍和水已是密不可分的。在〈大荒北經〉中，有一節記黃帝與蚩尤之戰，當中記載應龍受令攻打蚩尤之事：「蚩尤作兵伐黃帝，黃帝乃令應龍攻之冀州之野。應龍畜水，蚩尤請風伯、雨師，縱大風雨。」文中可見龍有掌控水的能力。更有趣的是，中國南方為甚麼比北方多水的原由，亦與龍有關呢！〈大荒北經〉中載：「應龍已殺蚩尤，又殺夸父，乃去南方處之，故南方多雨。」。

龍鬥水妖版本（風水治邪版本的延伸）

有傳在第十五座落成並入伙後的某一天，有居民在第十五座附近的半空中看見一件靈幻異常的事。有居民報稱目睹空中有一龍一妖在鬥法。居民第二日發現外牆上的彩龍圖案受損，油漆剝落。

這個傳說在網上有更精彩的版本，指一龍一妖在鬥法期間，神龍原先是不敵水妖的。後來，神龍召出十二生肖的各靈獸共同聯手對抗水妖，這才把將水妖驅走。

不管是哪個版本，故事最後指藍田自此以後再無發生豪雨成災的問題，居民均相信是龍神將水妖驅走。

|神龍戰水妖圖|

學術台

現實世界果真有龍？

現實世界果真有龍嗎？有呀！當然有！有一種說法指出龍的形象是多種動物的結合。李時珍的《本草綱目》有〈鱗之一〉一章，當中有言：

> 時珍曰：「《爾雅翼》云：龍者鱗蟲之長。王符言其形有九似：頭似駝，角似鹿，眼似兔，耳似牛，項似蛇，腹似蜃，鱗似鯉，爪似鷹，掌似虎，是也。」

因此，若各位讀者在動物園裏走一圈，看看駝、鹿、兔、牛、蛇、蛤、鯉、鷹和虎，大致上便可稱自己看見龍了。所以，筆者可沒有騙各位讀者啊！世上果真有龍，而且更是大家都可以見到的。

為甚麼龍的形象會如我們所見到的那樣呢？有學者（崔樹華，2014）[1] 指出

九不像龍圖

1　崔樹華：〈考古學視域下龍之形象探源〉，《前沿》，2014 年總第 351、352 期，頁 232-234。

龍的形象開始出現，其中一個原因是反映出中華大地上各遠古氏族、部落和部落聯盟所崇拜的多種圖騰結合。按崔氏此說，龍身體元素的多樣反映出愈多部落加入統一性的社會集團之中，亦標誌着中國古代文明和中華民族的結合與形成。

讀者們可能會感好奇，萬事都有個頭，龍在合體的早期到底是甚麼樣子的呢？到底是以甚麼動物作為藍本呢？原來受到地理環境的影響，學者指早期的龍受兩種動物影響最深。小山文化遺址（今日約內蒙古的位置）的龍，又稱草原龍，比較受豬的形象影響；龍山文化陶寺遺址（今日約山西的位置）的龍，又稱黃河龍，則比較受鱷魚的形象影響。草原龍之所以有此名稱，那是因為它們的發現地點為中國燕山南北的北部草原地帶；同理，黃河龍得名的原因是由於它們的發現地點為中國黃河流域的中原地區。

在小山文化發現的龍大約產生於公元前 4,700 年前，其龍形象豬首蛇身。按崔氏描述，豬首形靈物，細眼，長吻前突，鼻端上翹，獠牙長而略彎，蛇身軀體作蜷曲狀並有鱗紋。紅山文化的龍亦屬草原龍一類，讀者們有興趣的話，可以到臺灣的故宮博物院網頁 [2] 去看看豬首龍的樣子呢！至於龍山文化陶寺遺址發現的龍大約產生於公元前 2,500 年前，其龍形象乃方頭長嘴，長舌外伸作葉

2　故宮博物院：〈玉豬龍〉，《典藏精選》，網址：https://theme.npm.edu.tw/selection/Article.aspx?sNo=04009160#inline_content_intro

脈狀，有小圓眼，頸部上下相對，各有一片狀物，其形如鰭似鬃。黃河龍亦有蛇身，不過蛇身配的不是豬首而是鱷魚頭。由於圖案出現在陶盤上，其身軀順着陶盤蟠蜷一周，尾部蜷在頭頸內側，身上佈滿鱗片。人民網[3]上有一篇關於陶寺遺址的報道中可以見到那龍紋盤。

查草原龍及黃河龍的最早出土年份，草原龍比黃河龍的出現年份要早得多。草原龍最早出現於紅山文化查海遺址，遺址當中發現了大型的龍形擺塑。經碳十四的鑒定後，大約是公元前 6,000 年左右的作品，即距今已有 8,000 年之久。最早的黃河龍文物出土於河南省濮陽縣西水坡遺址，屬於仰韶文化的文物。出土的龍形文物經鑒定後現發為公元前 4,000 多年的作品，距今有 6,000 多年。因此，紅山文化的草原龍暫時可謂之為「中華第一龍」呢！

作為龍的傳人，希望本章能讓大家多了解一下自己文化的重要標誌呢！有道是：平生不識草原龍，便稱傳人也枉然！

---

3 人民網：〈陶寺遺址是堯都？專家：立論的基礎有疑問〉，《廣州日報》，網址：http://travel.people.com.cn/n/2015/0722/c41570-27341683.html

本詞條撰稿員：潘啟聰

龜不是普通龜是靈龜

如果你能得到一條龍，你會怎樣做？

養起來，向人炫耀吧？！

如果你能得到一隻鳳凰，你會怎樣做？

養起來，看看能不能用來代步吧？！

如果你能得到一隻麒麟，你會怎樣做？

呃……高價賣給某啤酒公司做吉祥物吧？！

噢……如果你能得到一隻靈龜，你會怎樣做？

呃……高價賣給某鬍鬚佬，製作正宗龜苓膏？

香港甚麼靈獸都有？

在之前的章節中，筆者曾經跟各位讀者提及過香港的龍和鳳之傳說。要講香港的傳說，真的可謂數之不盡。除了藍田的龍和大嶼山的鳳之外，香港還有大澳的魚人、[1]動植物公園的石獅、[2]麒麟崗的鼠精、[3]慈雲山神牛[4]等等。明明是彈丸之地，卻甚麼靈獸都有，香港本身就是一個傳說（傳說的動物園 ٩(●‿●)۶？）吧！

本章要跟大家講的是烏龜，更準確的講法是靈龜，再準確一點是關乎香港生死存亡的靈龜。事實上，筆者第一次聽到這傳說是來自一部叫《行運 X 人》的電影。戲裏指太平山有隻靈龜正在往山上爬。如果牠爬到老襯亭，香港就完蛋了。戲裏更是指香港出現了新的靈龜，牠不是在上山爬，而是正在出海到對岸取蛋。前者的靈龜是指太平山頂盧吉道的石龜，後

靈龜爬山圖

太平山

1　詳細可參考拙作《香港都市傳說全攻略》頁 10-19。

2　詳細可參考拙作《香港都市傳說全攻略》頁 34-43。

3　詳細可參考拙作《香港都市傳說全攻略》頁 106-115。

4　詳細可參考拙作《香港都市傳說全攻略》頁 136-141。

者的靈龜是指位於灣仔北填海區的香港會議展覽中心。所謂對面岸的龜蛋則是指位於尖沙咀海旁的香港太空館。

　　到底哪一隻才是原裝正版的靈龜？牠到底是上山還是出海呢？

　　最早而最詳細以文字正式在書中刊出此傳說的，乃是1941 年 1 月由友聯出版社發行的《香港百年》。在該書之中有一節名為〈太平山下石龜靈　爬上山巔大陸沉〉（頁92）。文中有一段文字如下：

> 　　一年，有人在山巔（此山指太平山），見一怪道人，仙風道骨，當眾大談龍經，即指地而言，香港之龍已有甦動之態，香港末日當在不遠矣。山上本有怪石嶙峋，數若星羅棋布，道人指之曰，此為龍鱗，試推其一，如批鱗狀，詎一推之間，突發生地震，立者皆仆，乃信道人之言，群問以香港陸沉時，趨避之法，道人曰，吾當本抱救生之旨，為各人點視，隨以手一指山腰曰，此為一靈通之龜，將來陸沉之後，僅許此物獨留世上，此龜蠕蠕自山下登山，每年行一米位之距離，當已登達山巔之時，即為陸沉之日，各好自為計也。言畢，忽不見踪，眾人急照所指望去，果見一巨龜，蠕蠕半山中，奔下視之，乃一巨石耳。

　　由以上文字可見，原裝正版的靈龜是太平山上的石龜

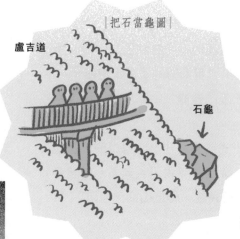

|把石當龜圖|

盧吉道

石龜

而不是會議展覽中心。靈龜的走勢是上山而不是出海。當然，能夠吸引出版社在書中談到此靈龜傳說，似乎此傳說已在坊間口耳相傳好一段時間了。後來，更是有傳環繞山頂而建的盧吉道正是阻止石龜爬上山巔的界線。可是，到底是甚麼時候開始有此傳說？書中的版本是否原裝正版的傳說？誰人傳出此靈龜傳說？這些都難以考查了。

不過，從互聯網上的資料倒是可以見到，靈龜傳說流傳至今已有多個新版本了。關於甚麼時候開始流傳這傳說的問題，互聯網上竟有人牽扯到 800 年前，指其出自宋朝風水大師賴布衣之口。傳言指賴布衣曾到廣東沿海一帶「尋龍探穴」，抵港期間說過：「香港太平山上有一隻石龜，以每年一米的速度由山上爬向海面。石龜落海之日，乃香港陸沉之時。」筆者認為這應該不太可能吧？！因為宋朝的時候，就連地方名都不一樣……(-`д´- 要鬼扯都用心點好麼？！）

別小看以訛傳訛的威力，它可是足以把香港拖下海裏呢！原本在最早期刊出傳說的文獻是指靈龜「蠕蠕自山下登山」，可是互聯網世界在沒有甚麼根據的情況下開

始傳出靈龜傳說其實有兩個版本，一是向山上爬，另一個則是往山下走。往下走的版本後來亦編出一個自圓其說的「香港末日」版本，指「靈龜自太平山山腰一直向海的方向爬，每年爬一寸之距離。當靈龜入海之時，亦代表把香港帶入海裏，氣數已盡！」基於「往山下走」的版本出現，有人更把香港會議展覽中心牽連在內，提出新靈龜之傳說。新的靈龜傳說言香港會議展覽中心在風水學上破壞了香港氣數。新傳說指出外貌似龜的會議展覽中心的建築應驗了靈龜入海之說，它建於海邊，等於靈龜到了入海之地，因此亦把香港帶入海裏云云。然而，正如上文所示，原裝正版的靈龜傳說記載的是靈龜向山上爬，因為以訛傳訛而竟多了一個往山下走的版本，更可牽扯到香港會議展覽中心。這可真是三人成虎的現代版了。（不過，成語要改為「三人成龜」麼？○□○）

物獨留世上，此龜蠕蠕自山下登山，一登達山嶺之時，即為陸沉之日，各起

1941 年 1 月由友聯出版社發行的《香港百年》中所載內容。

學術台

龜，一種可憐的靈獸

　　各位讀者，不要小看龜啊！對，你們也許會在香港著名的金魚街見到很多龜，最便宜的幾塊錢一隻。可是，龜在中國人心目中的確屬於靈獸類的動物。早在《禮記‧禮運》中已有言：「何謂四靈？麟鳳龜龍，謂之四靈。」厲害吧！不過，讀者們可能會問，何以此節會指龜是一種可憐的靈獸呢？那麼，筆者想問一問讀者們，如果有一日，你能得到一隻麒麟，或一隻鳳凰，又或者是一條龍，你會怎樣做呢？必然是珍而重之地把牠們養起來吧？！對嗎？那麼，如果你得到一隻靈龜呢？

　　從開首插扉中的對話可知，當靈龜給人捉到的時候，九成沒有甚麼好下場！在《詩經‧小雅》的〈六月〉就有「吉甫燕喜，既多受祉。來歸自鎬，我行永久。飲御諸友，炰鱉膾鯉。侯誰在矣，張仲孝友」。其中的「鱉」就是龜類的一種，而「炰鱉膾鯉」就是指「珍美的饌食」的成語。《詩經‧大雅》的〈韓奕〉裏同樣亦有「韓侯出祖，出宿于屠。顯父餞之，清酒百壺。其殽維何？炰鱉鮮魚」

| 問龜能有幾多愁圖 |

一段文字。當然，讀者們可能會覺得龜類成員甚多，不是
所有的龜都被當成為靈龜吧？（難道我們會把龍分為食用
龍和靈獸龍嗎（‧◇‧）？）這樣想也許是對的。不過，其
實我們有文獻作據，指靈龜的下場一樣是死⋯⋯

　　剛才將龜界定為靈獸的文獻《禮記‧禮運》其實還有
下文，以下為完整一點的版本：

> 　　何謂四靈？麟鳳龜龍，謂之四靈。故龍以為
> 畜，故魚鮪不淰；鳳以為畜，故鳥不獝；麟以為畜，
> 故獸不狘；龜以為畜，故人情不失。故先王秉蓍龜，
> 列祭祀，瘞繒，宣祝嘏辭說，設制度，故國有禮，
> 官有御，事有職，禮有序。

　　「故先王秉蓍龜，列祭祀」的白話版本是「因此先代
的君王秉持着卜筮用的蓍草和龜甲，依次序進行各種祭祀
儀式」。跟鳳凰被商朝人視為圖騰去崇拜不一樣，沒有人
會拜靈龜，沒有人會好好豢養靈龜。靈龜被人捉到的下場
一定是死，而且龜愈靈，死的愈快！為甚麼呢？根據《淮
南子‧說林訓》所指：「牛蹄彘顱亦骨也，而世弗灼，必
問吉凶於龜者，以其曆歲久矣」。龜《太平御覽》中載《洪
范‧五行》曰：「龜之言久也，千歲而靈，此禽獸而知吉
凶者也。」因其長壽之故，會被人視為靈龜。愈是長壽的
龜，就愈具靈氣。愈是具靈氣的龜，用以占卜就愈是能知
吉凶。

　　當然，在現實中用來占卜的烏龜總不能全是「靈龜」。以商代占卜為例，按卜者不同的身份（如王、貴族、平民等），占卜使用的烏龜就有所不同。王的占卜通常會使用進貢的大烏龜甲骨，而平民占卜就只可以使用自己本地出產的小烏龜。按現有研究發現，在目前出土的文物中最大的龜板長四十四厘米、闊三十五厘米，而最小的龜板則只有十六厘米左右。不要以為用龜甲來占卜，就是去找一位戴墨鏡的老伯，手拿三個銅錢放在龜殼裏搖出卦象來呢！由於古代用甲骨占卜的方式是以燒灼龜甲產生裂紋而推測兆象，為了避免占卜時兆象過於雜亂無章，因此甲骨要經過攻治才能真正地被人拿來作占卜工具。所為「攻治」乃是指甲骨的取材、削、鋸、切、錯、刮磨、穿孔以及鑽鑿等多項工序。早在殷商時期，常見的攻治方法已有鋸、錯、刀、鑿及鑽五種。[5] 占一次卜要這麼多程序，這可算是沒有辜負為卜捐軀的「靈龜」吧？

5　　詳細可參考董作賓、董敏：《甲骨文的故事》（臺北：商周出版，2012），頁 134-153。

── # 異獸類 ──

獨角獸出沒

（害羞貌）其實人同魚怎會可能呀？

為甚麼忽然講到人魚呢？

香港不是也有人魚傳說嗎？
其實，人和人魚相戀有很多問題，尤其係繁衍的問題！

願聞其詳。

有一個都市傳說，指養大一個孩子要三百萬。

所以？

魚類產卵數量，少如三文魚已數百
顆，多如翻車魚則三億。

所以？

你還未明白嗎？
若果每次行房後，你太太產子的數量少則
數百多則以億計，我還應該恭喜你嗎？

香港有隻獨角獸？

　　這本書介紹了這麼多的靈獸，有龍、有鳳凰、有靈龜、有四不像、有狐仙，全都是在中國文化裏赫赫有名的傳說生物。這一章我們來換一換口味，談個舶來品 —— 獨角獸！((¬_¬) 香港難道真的是個靈獸動物園？總有一隻在左近？我都不用花錢去甚麼動物園了。)

　　好吧！讀者們一定很想知道，要朝聖到底要到哪裏去？那隻獨角獸到底在哪裏？首先，各位要到哪裏去看那獨角獸呢？沒有了，那獨角獸現在已不在了。因為牠所藏身的地方已經被拆掉了。那末，若讀者們想去原址憑弔一下那隻獨角獸，又應該到哪裏去呢？大家可以到中環的滙豐銀行總行去啊！知道故事發生的位置後，讓筆者告訴大家這都市傳說吧！在大部分講香港掌故的書中，這傳說叫作「金馬成精」的故事。

　　這都市傳說發生在 1869 年落成的舊大會堂上。當時的中環跟現在的完全不一樣，一大片填海而得來的地都未出現。附圖是由和平紀念碑望出維多利亞港的景色，跟現在的大不同吧？！干諾道那個時候還未存在呢！現在我們熟悉的太子行、現址的高等法院等全都未出現。那麼，大會堂跟獨角獸又有甚麼關係呢？原來昔日的大會堂在其屋頂中央，置放了一個英國皇家徽章。該徽章的正中間有一個盾徽，盾面上有象徵英格蘭、蘇格蘭和北愛爾蘭的金獅、紅獅和豎琴。盾的兩側為代表英格蘭的獅子及代表蘇

舊香港大會堂於 1869 年 6 月 28 日啟用，1933 年拆卸。

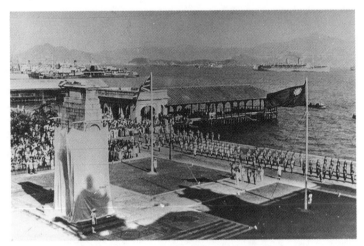

和平紀念碑是香港一座紀念碑，位於香港中環遮打道，於 1923 年 5 月
25 日豎立。

格蘭的獨角獸，而這隻獨角獸正是這都市傳說的主角。

　　綜合現存關於這傳說的資料，大約是指獨角獸由於造型過於神似逼真，再加上日久通靈，竟成精了並常在夜間出來作祟。然而，所謂出來作祟亦算不上做甚麼壞事，只是出來擾人清夢而已。其實比起石獅吐石傷人、狐仙吞噬小孩精氣、四不像阻人畢業，這獨角獸的「作祟」可謂小兒科罷了。據說一到午夜的時候，中環一帶及附近的居民都表示聽到馬的嘶叫聲。當然，一開始的時候，人不會立即朝靈異事件方向去想，或以為自己聽錯了，或以為是跑馬地馬房傳來的，或以為是來自英軍軍營的馬。可是，事情一而再，再而三地發生，居民都開始懷疑之前的想法了。一、既然經常聽到就不可能是聽錯；二、跑馬地馬房哪會常常在午夜放馬；三、英軍亦不可能每晚到中環放馬。

　　此時，更是出現了一個傳聞，指有更夫在巡邏到皇后大道的時候，忽然見到一頭龐然巨獸直奔海濱。如此情景，更夫當然忍不住追過去看看到底是怎樣一回事。到了海邊，他赫然見到一隻巨大的馬在海邊低頭飲水。((・∀・)飲海水？靈獸的生理結構不一樣嗎？)那隻馬不只身形龐大，在月色之下牠的身體更發出閃閃金光。巨馬察覺到更夫在不遠處窺看牠，轉身便逃走。更夫一直窮追不捨，可是追到大會堂就再看不見了。翌日晚上，更夫故意埋伏在附近的暗角守候着，看看能否再一睹那金光閃閃的巨馬。果然到了午夜時分，更夫又再見到金色巨馬跑到海邊去飲

水。這次更夫靜悄悄地等着，等到金色巨馬喝夠回去，就偷偷地跟着牠。到了大會堂門前，金色巨馬竟一躍上屋頂之上，並奔入英國皇家徽章之中。更夫才驚覺自己遇到的不是一般的馬。有一說指更夫約了多人去窺看金馬飲水之事，以印證自己所見所聞，結果一樣見到金馬到海邊飲水後，便回到大會堂奔入屋頂上的徽章之中。總之，金馬成精的說法在坊間傳開了。

　　雖然獨角獸並沒有害人，然而知道有一隻精怪在社區之中，試問居民又怎會安心呢？有民眾向政府提議把徽章拆下來。政府當然將之當作荒誕無稽之談，對他們的要求並未加以理會。於是，有民眾自發招請道士在大會堂門口作法，以劍削馬蹄，以符封馬眼，再用鐵鏈緊鎖馬足。有傳之後再也沒有見到金馬的出現，怪事才算停息。

學術台

獨角獸真是舶來品？

　　要平息的到底是金馬還是人心呢？根據施志明博士的分析，在過去香港有不少雕像四出走動的傳說，如昃臣像、銅獅、金馬。其實，說穿了只是人心的不安。由於當時華洋社會仍有不少隔膜，下層華人對洋人社會仍充滿疑團。華人將所見的雕像石刻，加入無限的想像，最後出現

一個又一個都市傳說。[1]筆者同意施博的分析，人心的浮動在於華人對西方事物的不熟悉。不過，筆者倒是想在這章餘下的部分為大家帶來一些冷知識。撇除中西文化交匯時的心態不講，獨角獸真是舶來品嗎？

獨角獸在中國的《山海經》早已出現，絕非只是舶來品。在《山海經》中，獨角獸稱為「騂馬」。騂馬多數出現於㳌水附近的地方。在《山海經》的〈北山經〉中有載：

> 又北三百五十里，曰敦頭之山，其上多金玉，無草木。㳌水出焉，而東流注于印澤。其中多騂馬，牛尾而白身，一角，其音如呼。

大概的意思是指敦頭山上蘊藏着豐富的金礦和玉石，卻是寸草不生。一條叫㳌水的河流就是源於此山。㳌水的附近有很多騂馬。騂馬外形特別，全身白色，長着跟牛一樣的尾巴，頭上有一隻角，其發出的聲音有如人的呼喊聲。全身白色、牛

英國政府使用的王室徽章，右方為「金馬成精」傳說中的主角。

1　詳細可參考拙作《香港都市傳說全攻略》頁42。

一樣的尾巴、頭上有角……騂馬其實真的跟英國皇家徽章上的獨角獸長得一模一樣。

　　不只如此，其實比較中西文化裏的精怪，有許多縱然並不相同，卻極為相似。以下舉幾個例子以說明之。如果我問各位讀者，你們對中國的龍和西方的龍有甚麼印象，你們會怎樣回答呢？筆者真的問過不同的朋友這個問題，絕大部分的答案都是有翼無翼之分。各位讀者的答案是不是都一樣呢？原來這答案是不對的。

　　在《春秋列國志傳》中有一段文字指有翼飛龍才是天子之像：

|東西友好交流圖|

　　周公既定鼎而歸，成王大喜。設宴以待周公，周公謝宴以歸第。是夜夢一蟠龍，從天降入於淵。公曰：「此夢乃應吾當盡之數。」內臣曰：「塚宰何以知之？」公曰：「蟠龍無翼之龍也，有翼則為飛龍，乃天子之像，吾位居塚宰，與天子差一等，乃是蟠龍也。有翼而下深淵，吾身在天子之旁，今入深淵，乃龍歸之所，是以知吾將盡也。」遂遇疾不起。

　　由以上的文字可見，其實在中國文化中，龍也可細分為不同的種類，而有翼飛龍並不是西方獨有的。而且，中國對於龍更是有很仔細的分類，上文就已經有蟠龍與飛龍之分，其他的種類還有應龍（《山海經·大荒東經》）、燭龍（《山海經·大荒北經》）、虯（《廣韻·虯》）、蛟龍（《太平廣記》）等。

　　另一個筆者想舉的例子是人魚。安徒生的童話作品《美人魚》大家都耳熟能詳吧？上半身是美麗女子，下半身為魚尾的人魚形象應該就是最深入民心的那種吧？其實，中國也有人魚啊！在《山海經》的〈南山經〉中，就有以下一段文字：

　　又東三百里，曰青丘之山，其陽多玉，其陰多青䨼。……英水出焉，南流注于即翼之澤。其中多赤鱬，其狀如魚而人面，其音如鴛鴦，食之不疥。

嗯……這的確是跟西方的有很大的出入……西方的人魚，人和魚是五五比例；中國的赤鱬卻只有面孔如人……

當然，中國人的想像世界也有浪漫的一面。在《太平廣記》裏有一個人魚的美麗版本。在《太平廣記》的〈水族一〉有一節故事名為「海人魚」，其內容如下：

　　海人魚，東海有之，大者長五六尺，狀如人。眉目口鼻手爪頭皆為美麗女子。無不具足。皮肉白如玉，無鱗，有細毛，五色輕軟，長一二寸。髮如馬尾，長五六尺。陰形與丈夫女子無異，臨海鰥寡多取得，養之於池沼。交合之際，與人無異，亦不傷人。（出《洽聞記》）

看呀！這則描述比西方的更吸引吧？按照故事的描述，海人魚幾乎沒有甚麼魚類的特徵。海人魚就連下半部都是人類的形態，故此才引得住在海邊的鰥夫寡婦去捕捉牠們，去跟牠們⋯⋯筆者還是說不下去了⋯⋯

事實上，中國文化中不少的精怪都十分有趣，值得大家花時間去看看。更有趣的是，明明來自截然不同的文化，不少精怪們竟然都有十分相似之處。例如，西方有獅身鷹翼的獅鷲獸，中國有老虎身並長翅膀的窮奇；西方有人身羊腿、羊角羊耳的潘神，中國有羊身人面、虎齒人爪的狍鴞。如果讀者們有興趣的話，也可以找找中西精怪的差異及相似之處呢！

都市傳說筆記本

第二章

鬼怪類

鬼怪類

牛尾靚湯

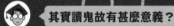 其實讀鬼故有甚麼意義？

有，意義可大了。

 那麼意義在哪裏呢？不就是嚇人嗎？

鬼故也可以有教育意義。

 竟然？我就不太信了……

呃…… 你試一試去墓地隨便指一墳墓講骯話……

 你瘋了吧…… 故事都有講，隨時會被鬼搞！

你還說鬼故沒有教育意義？

至死不渝的愛？

在 2004 年《中大學生報》出版了一份名為《中大四十年》的特輯，那是一份以學生組織為軸心的特輯，嘗試藉此延續《中大二十年》及《中大三十年》的校史。特輯的上冊就有〈鬼故〉一章，記錄中大校園內的靈異事件。筆者對其中一個故事有深刻的印象。那故事雖為鬼故事，可是它不但一點也不恐怖，更可謂感人至深。當中寫下了一段至死不渝的愛情，一段至死也要煲湯和飲湯的關懷，一段一男一女一牛譜出的愛曲。

牛尾湯

近年在香港大學生之間口耳相傳着入 U 必做的「大學五件事」，包括讀書、住宿舍、拍拖、上莊和兼職。

很久以前，中文大學就流傳一個涉及了「讀書、住宿舍、拍拖」三件事的鬼故事。相傳，一對男女在入學後，或因同為醫學院學生，朝夕相對而墮入愛河。二人更一起成功申請入住聯合書院的伯利衡宿舍。伯利衡宿舍與中文大學大多宿舍一樣，採用男女分層。上層是女生宿舍，下層住的是男生。在分派房間予新宿生之後，那一對戀人剛巧被分派了上下層同號房間，即是女生就住在男友的正上層。

為了專注學業，每到晚上的時間，二人都會留在自己的

房間內溫習直到凌晨時分。當時的宿舍並沒有固網電話，而且那個時候手機和傳呼機亦不普及，更不要說甚麼 ICQ、Facebook messenger、WeChat 等網絡傳訊的方法。為傳達愛意，每逢異性探訪時間過後，女生都會從窗外吊下一盅牛尾湯給男友喝。每當男生喝湯的時候，他都感受到女友的關懷，心裏頓時覺得無比溫暖。

某一晚，男生如常收到女友為他燉煮的牛尾湯。喝湯時忽然十分想念女友，很想立即見到她。礙於宿舍的規則所限，他只好等到明天再去找她。男生心不在焉地看了一會書，就上床睡了。第二天，男生梳洗一番後便到樓上去找其女友。誰知女友的同房竟告訴男生，他的女友早已在前幾天就死於急性疾病。男生聽到以後感到悲痛莫名，心痛得沒有站穩，一屁股跌坐地上。悲痛之餘，男生突然感到不妥。既然幾天前女友已去世，那麼這幾晚他收到的牛尾湯是誰吊給他的呢？

其實，也許是因為大學的鬼故事多藉口耳相傳的方式流傳，流傳的過程難免對故事內容有所增加或刪減。因此，即使是這麼簡單的一個故事，在筆者的資料搜集過程中也發現了不同的版本。在林舟（Joseph Bosco, 1957-）的〈香港青年間的鬼故事之超自然現象〉[1]一文

---

[1]　　Bosco, J. (2003) The supernatural in Hong Kong young people's ghost stories. *Anthropological Forum* 13.2, pp.141-149.

中，收集並分析了不少在香港中文大學中廣泛流傳的鬼故事。在他的論文中〈牛尾湯〉版本便與上述略有不同。林舟論文中所載的敍事結構大致上與《中大四十年》裏的內容相符，包括了戀人一起入住宿舍、女生住男生上層、女生時常煲湯給男友喝。不同的是，林舟收集回來的版本指二人因為要專心應試，故此約定考試期間暫不相見，才有窗外吊湯的一幕。故事結局指出男生在發現女友早已死去之後，每晚仍有湯盅吊下來給他。

　　以口耳相傳的方式來傳遞故事，原來可以令整個故事傳得面目全非。出場人物不同、發生地點不同、死去角色不同，就連喝湯的人也不同。在第三十屆崇基學生會出版的《脈絡》中同樣載有〈牛尾湯〉的故事。故事載錄如下：

明華堂牛尾湯

你有喝過牛尾湯嗎？滋味不錯吧？!

據傳明華堂曾有這樣的鬼故：

明華堂有一雙情侶，男的剛巧住在女的樓下，房間的擺設又恰到好處。每晚女生必預備牛尾湯，然後將湯連盛器用繩吊落下面的房間，給男友享用。兩人生活甜蜜，羨煞旁人。唯好景不常，一次當二人外遊遇賊劫，男的為了護花，竟成刀下亡魂，女的憂鬱成病，未幾亦離開人世。

|愛你就要煲你湯圖|

之後，這兩間房同時換上新房客，但怪事就開始發生了。住在樓下的男同學竟也遇到同樣的事，每晚有一盅牛尾湯從樓上房間吊下來。那男生還以為樓上的女同學對自己有意，趕忙致電樓上的同學去多謝一番。可是，換來的卻是一頓臭罵，男生感到莫名其妙。後來，輾轉聽到宿舍工友的解釋，男生嚇得立刻搬走。後來更是大病了一場！不過你可以想像一下，他喝下肚子裏去的到會是甚麼呢？

改編自：第三十屆崇基學生會（1981）
〈明華堂牛尾湯〉《脈絡》9 月刊

學術台

鬼故也可授業解惑？

著名的唐代文學家韓愈有一篇文章叫《師說》，指「師者，所以傳道、受業、解惑也」。未知讀者們有沒有想過，在你們心目中只是用以排遣煩悶的鬼故事也有傳遞人生道理之能？當然可以！正是因為作者打着鬼故事的寫作乃「妄言妄聽，記而存之」（出自袁枚《子不語》）的旗號，有時候鬼故事的教育訊息可能比一般的作品來得更一針見血。

以《聊齋誌異》為例，袁行霈教授在其《中國文學史》之中就指出作者蒲松齡有一副關心世道、關懷民苦的熱心腸，加上他秉性伉直，勇於仗義執言，《聊齋》中不乏抒發公憤、刺貪刺虐、揭發科舉弊端、頌揚美德等主題。[2]《聊齋》裏有一個廣為人知的故事〈聶小倩〉，與〈牛尾湯〉一樣，當中寫下的也是一段讀書人與女鬼共譜的戀曲。根據王少華〈棄惡從善的華麗轉身 —— 讀《聊齋‧聶小倩》〉[3]一文，故事從佈局來看可分為前後兩個部分。

2　袁行霈：《中國文學史》第四卷（北京：高等教育出版社，2010），頁 269-273。

3　王少華：〈棄惡從善的華麗轉身 —— 讀《聊齋‧聶小倩》〉，《檔案‧文化長廊》，2016 年第 5 期，頁 18-22。

前半部以寫奇異怪誕事件居多。可是，依筆者看來，蒲松齡是藉前半部的內容表示出他對寧采臣個性予以肯定。蒲松齡不單止在文中多番讚揚寧采臣的品格，例如：「性慷爽，廉隅自重」、「君誠聖賢」、「郎君義氣干雲」、「如君信義剛直」、「君信義」等；而且，對比來自蘭溪的書生，寧采臣的下場簡直有如童話般美好。同樣是讀書人，那位來自蘭溪的書生一到寺廟，晚上就已經暴斃，而且死狀甚為奇怪：「足心有小孔，如錐刺者，細細有血出。」原來，蘭溪書生死狀之所以如此，那是因為他對聶小倩起了色心。由於聶小倩受到妖怪的要脅，她要吸取人血以供妖怪享用。她先是以美色迷惑人，然後當那人欲與她親近時，

|吸哪不好非要吸腳板底圖|

她會乘其不避偷偷地用錐子刺他腳心，再吸他的血給妖怪喝。為甚麼寧采臣可以生存下來呢？為甚麼寧采臣之後有機會高中進士呢？為甚麼寧采臣最終能娶妻納妾，綿延子嗣呢？講到底，是因為寧采臣持身以正，不為聶小倩美色所動，才有這樣美好的結局。寧采臣的經歷不失為一個頌揚美德的故事。

後半部更為精彩，談的是一個女鬼如何應付「媳婦剋星」的故事。聶小倩用她的愛心和耐性融化了婆婆的戒心。在故事的後半部分裏，小倩她「願執箕帚」、「依高堂」、「奉晨昏」、「入廚下」、「朝旦朝母，捧匜沃盥，下堂操作，無不曲承母志」。終於，寧母「日漸稔，親愛如己出，竟忘其為鬼；不忍晚令去，留與同臥起」，後來更是母子二人皆溺愛小倩。

由起初為一被要脅害人的女鬼至故事這個部分，小倩可謂修成正果。蒲松齡寫的〈聶小倩〉可以視為一部不折不扣的〈婆婆攻略〉呢！有誰還要質疑《聊齋誌異》的教育功能呢？！

〈牛尾湯〉的教育訊息

那麼，〈牛尾湯〉的教育訊息是甚麼？不要小看這個故事篇幅短，內含的訊息可多了。簡單地說，這是一個教育學生不應在求學時期談戀愛的故事。由故事的內容來

看，男生和女生之所以商議好不見面，繼而引發要以繩子吊下湯盅之情節，主要是跟學習有關。不論是「晚上留房溫習」還是「考試期間暫不相見」的版本，兩者均內含一個訊息：學習與戀愛是不能並存的。在故事之中，男生要專心學習的話，談戀愛的事就要先暫停一下；不然的話，男生就不能專心致志地溫習了。

根據人類學教授林舟的分析，〈牛尾湯〉有一個更深層次的意思：這是一個教育學生不應過早有性行為的故事！按林舟所述，在粵語的運用中，「飲湯」含有性的暗示。例如，「去飲湯」有代表去見情婦的意思，「飲頭啖湯」有代表與處子進行性行為的意思。故事中的女孩在想念男友時可以烹煮食物給他吃，敘事以「煲湯」為表達愛意的方式，林舟認為故事有暗示二人已發生了性關係之意。再加上女孩所煲的湯為牛尾湯，牛尾亦可視為男性性徵的意象。故事以女生的死亡作結局，林舟將之理解為一種對讀者的警告。女孩打破了婚前守貞的社會道德規範，因而有一個悲劇下場。

今日，我們若要考查〈牛尾湯〉的具體寫作日期，這是不可能的了。我們只知道它在 1981 年的崇基學生會刊物上已經出現過。從故事中可以見到，那個時候的價值觀比現在保守多了。正如本章一開始所述，今日的大學生有所謂「大學五件事」，當中就包括了拍拖。但在創作〈牛尾湯〉的時代，似乎在求學時期拍拖並不是常見的事；更進一步來說，拍拖乃被視為會拖垮學業之事。

當拍拖都被視為不允許之事的時候，更不用說當時對婚前性行為的態度了。看來〈牛尾湯〉的作者跟蒲松齡的態度並沒有兩樣呢！若非潔身自愛、守身如玉，角色哪會有好下場呢？！

　　未知讀者有沒有想過，只是如此一個短短的、口耳相傳的大學鬼故事，竟已蘊含如此多的文化和時代意義？！所以，別小看鬼故事，鬼故事也可充當老師呢！

＃鬼怪類

鬼郵差派信

 大哥呀！這故事好嚇人呀！

吓？為甚麼呀？

個傳說好生活化！灣仔、收信，還只是鎮壓着，件事未有真正完結！

不過，我就不太怕了。

竟然？我才不相信你呢！說來聽聽。

你想想，這是甚麼年代了，甚麼時候會收到實體的信件？

當然有！卡數、電費、水費、交稅提示等全都是寄信來的！

多年來，這麼多問你收錢的信都嚇不死你，鬼郵差又算是甚麼？

派白信封的郵差

　　未知各位讀者對於郵差這種工作有甚麼印象呢？如果要大家去列舉頭五名最有機會遇到靈異事件的職業，相信郵差不是其中之一吧？也許，你會選仵作，會選法醫，會選殯儀，會選警察，會選護士……你認為這些行業與命案、與生死有關，較有可能遇上靈異事件。總之，郵差就是一個與靈異事件沒有甚麼瓜葛的職業吧？不過，筆者正是要在此章向各位讀者講一個鬼郵差都市傳說。

　　在上世紀六十年代，信箱還未被普及地應用，那個時候還是要靠郵差挨家挨戶地派信入屋。有傳居住在皇后大道東的街坊曾在夜晚見到有郵差在郵局（舊灣仔郵政局）側門走出來。奇怪的是，那郵差看起來並不像下班離去的樣子。他穿着制服，背着郵包的，更像是正在出發去派件。這肯定不是某次有街坊偶遇郵差加班而傳出來的，因為有很多街坊都聲稱自己見過那名郵差。深夜派信極為離奇，然而這並不是這個都市傳說的重點。真正令灣仔的街坊感到人心惶惶的，乃是那名郵差的行動。那名郵差果真在夜裏派信！不過，那可是會奪人性命的郵件！

　　那名郵差所派之信與一般信件看起來沒有分別，在信封面同樣是有姓名有地址的。傳聞有街坊不虞有詐，照樣打開信件。可是，打開之後卻只見白紙一張（有一說是

紙錢一張）[1]。起初，收到信件的街坊都不以為然，以為那是惡作劇而已。誰知收信人竟在收信後的數日內便死了[2]（一說是有血光之災）[3]。更有傳曾有街坊見過那名郵差，有人說他臉上沒有五官，又有人說他雙眼會發光。[4] 不過，只要是見過他的人，全都會在三日內死去。[5]「鬼郵差」的事件在區內迅速傳播開去，街坊擔驚受怕，可謂惶惶不可終日。

為了應付「鬼郵差」，街坊們專程由大嶼山請出著名的捉鬼天師玄機子來到灣仔。街坊們邀請他坐鎮於洪聖廟地下的命相館。可是，傳聞說「鬼郵差」的功力相當高，強如玄機子都不能夠將其消滅，而只能暫時將祂封印並加以鎮壓。在玄機子收服了「鬼郵差」以後，他退休了而且決定要回到內地定居。於是，他便把一切交付其弟子玄真子。玄真子代替其師父長期鎮守着洪聖廟，以便有需要時出手壓制「鬼郵差」。玄真子繼任之後，街坊間極為「捧

1　東網：〈【玄之又玄】灣仔「鬼」地方　信不信由你〉，《東方日報》，2019 年 10 月 26 日。

2　陳云根：《灣仔：小康興家的地方》（香港：花千樹出版有限公司，2016），頁 217。

3　吳俊賢：〈灣仔鬼探尋找舊區的故事〉，《東方日報》，〈副刊〉，2018 年 10 月 06 日。

4　灣仔友：〈【區區有鬼故 2】洪聖古廟與灣仔鬼郵差〉，《D18》，2018 年 8 月 24 日。

5　黃梓恒：〈【十二傳說之另類都市傳說】鬼郵差派死亡信件　現仍在灣仔不散？〉，《HK01》，2019 年 7 月 16 日。

場」，光顧他的人猶如公立診所「輪街症」一樣繁忙。縱使如此，玄真子依然準時下午三時就休息。有傳原因是玄真子需要「開夜更」，要在半夜的時間鎮壓「鬼郵差」，所以要早一點休息。時至今日，玄真子已經退下來了，將衣缽傳給弟子樂秋鳴，繼續鎮守灣仔，守護街坊免受「鬼郵差」騷擾。（另有一說指玄機子沒有出山鎮壓「鬼郵差」，而是派弟子玄真子到灣仔封印「鬼郵差」。玄真子死後，他將鎮壓「鬼郵差」的重任交予其兒子。[6]）綜合不同的資料所示，有一點可以肯定的，那就是「鬼郵差」已被暫時鎮壓，現在灣仔的街坊們不再受其困擾了。

學術台

關於鬼差你知多少？

聽畢這個故事後，筆者不知道各位讀者怎樣想呢？或許因為郵差是公職人員，又或許鬼郵差跟鬼差只差一個字，我第一時間聯想到的是：如果鬼郵差不是惡鬼，而只是在執行職務，祂這樣被鎮壓着，豈不是很無辜嗎？如果鬼郵差真的是鬼差，那麼鎮壓祂是一件正義的事，還是一件不義之事呢？

6　同前註。

　　或者，因為我們每個人或多或少都有樂生惡死的傾向，死亡被視為不好的事。因之，我們對於閻王、鬼差、牛頭馬面或多或少都有比較負面的感覺，都忘了其實祂們是「公職人員」而不是邪惡的魔鬼。有鑒於我們對祂們認識不多，本章餘下的部分將借題發揮，向各位讀者介紹一下鬼差。

　　首先，先介紹一下鬼差的老闆：閻王。

　　按《佛光大辭典》「閻魔王」一條，閻魔（今我們常喚作「閻羅王」）早在古印度經典《梨俱吠陀》中已經出現。閻魔為何稱王呢？根據《梨俱吠陀》，閻魔與其妹閻美的對話所示，閻魔可稱為「唯一應死者」。因為夜摩願意自捨其身，入於冥界，而為眾生發現冥界之路，是為人類最初之死者，故被稱為「死者之王」。閻魔是因其偉大捨己的情操而稱王的。在《梨俱吠陀》的記載中，祂所住的地方是在天上界最遠之處，那是一處常奏音樂之樂土。然而，在另一部經典《阿闥婆吠陀》中，閻魔的住處則變為下界，祂所住的地方稱為夜摩城，而閻魔亦變成了專依死者生前行為之記錄而司掌賞罰之神。後來在著名的梵文史詩《摩訶婆羅多》之中，閻魔被描述為具有兩個身份：一個身份為死神，率領諸多使者處理人的死亡；另一個身份為死者之王，為祖先世界之支配者。冥界支配者、人類行為審判者之閻魔王，這幾乎與我們今日所認識的閻羅王沒有兩樣呢！

　　之後，讓我們再介紹一下最有名的鬼差：牛頭馬面。

根據《五苦章句經》所示，地獄中確實是有獄卒的，不是閻魔大人 one man band：

> 獄卒名傍。牛頭人手。兩腳牛蹄。力壯排山。持鋼鐵叉。叉有三股。一叉罪人數百千萬。內著鑊中。其鑊縱廣等四十里。自然制持。令不墮落。

獄卒的外形長有牛頭，具人手並手持鋼叉，且兩腳長有牛蹄。祂們以叉子管理和懲罰地獄的罪人。（另有一說，指地獄裏有罪人亦長得如象頭人身、馬頭人身、牛頭人身，詳見《佛說立世阿毘曇論》。）

讀者們可能思疑，為甚麼只講牛頭，馬面呢？難道牛頭馬面只屬民間說法，在真正的經典中並不存在嗎？當然不是！筆者要指出牛頭馬面都存在（v(￣︶￣)y 嗯…我指在經典之中…實際的我不知道……），甚至馬頭羅剎一詞亦可見於佛經之中：

> 亡者神識，見大鐵城，火蛇火狗，虎狼獅子，牛頭獄卒，馬頭羅剎，手執槍矟，驅入城門，向無間獄。

牛頭和馬面圖

從以上的引文可見，「牛頭獄卒」和「馬頭羅剎」均出現在《大佛頂首

楞嚴經》卷第八之中。牛頭馬面之說可謂有根有據啊！不過，給讀者們講一些大家都耳熟能詳的事，筆者不滿足。下文筆者更要指出一些鮮有人知的冷知識。原來，根據佛經文獻所示，具有動物形態的鬼差可不只牛和馬呢！在《大智度論》第十六卷中，對地獄有以下的描述：

> 見合會大地獄中，惡羅剎、獄卒作種種形：牛、馬、豬、羊、麖、鹿、狐、狗、虎、狼、師、子、六駁、大鳥、鵰鷲、鶉鳥，作此種種諸鳥獸頭而來，吞噉齩嚙，嚵掣罪人。兩山相合，大熱鐵輪轢諸罪人，令身破碎；熱鐵臼中搗之令碎，如笮蒲桃，亦如壓油；譬如蹂場，聚肉成蕢，積頭如山，血流成池，鵰鷲、虎狼各來諍掣。

由以上的文字可見，地獄裏的鬼差何止是牛頭馬面呢？！除了牛和馬之外，豬、羊、麖、鹿、狐、狗、虎、狼、獅，甚至是鳥類猛禽都有。按《佛光大辭典》解釋「羅剎」一詞的內容所示，羅剎亦為地獄之獄卒，職司呵責罪人。又稱阿傍、阿傍羅剎、阿防、旁。其形狀有多種，或牛頭人手，或具有牛蹄，力氣甚大，或為鹿頭、羊頭、兔頭等。從以上種種資料可見，地獄的獄卒不只得牛頭和馬面呢！

不過，話說回來，身穿香港郵差制服，臉上沒有五官，卻又有發光的雙眼⋯⋯經書上又的而且確找不到此造型的鬼差呢！

鬼怪類

無主孤魂牌位

可憐可憐給口飯吧……

唉……無主孤魂，無人認領，無人祭祀，你說，他們真會變為厲鬼不得安息嗎？

可能吧，天底下令人不得安息的事多了。

所以，放過他人，就是放過自己？

未知生焉知死，這些我都不知道。但有一件事我十分清楚。

甚麼？

就是如果你再神遊太虛不趕緊在 6 點前處理這些「無主工作」，你老闆我會讓你不得安息。

探靈團 GO

或許香港生活太無聊、太苦悶，於是不時有人為了尋求平凡生活以外的刺激，便會參加探靈團。活躍於靈異節目中人稱「鬼王」的潘紹聰，曾經描述過一宗探靈故事，最終牽扯到人命。下文根據潘先生描述略作改寫：

數年前認識一位對靈異事件倍感興趣的聽眾 A 君。他愛四處尋找新鮮靈異傳聞分享，及後更成為節目環節中的嘉賓。我們曾到過位於銅鑼灣一幢大廈內的後樓梯。那裏是連接另一酒店的通道，平常僅有少數的大廈保安和酒店員工進入。在那樓梯位轉角處，竟被安放一奇怪的牌位，牌位旁有鮮花、香燭等，更置有一台唸佛機。一看這怪異牌位，便知是供奉附近鬼魂，有感詭異非常。A 君帶我到過現場，量度測試不同樓層氣溫，牌位處的確較為陰涼。雖至今也查不出擺放神位原因，但我深信不是無端被供奉，節目後便不作打擾。

但事隔不久，收到有關 A 君消息，據說因錢財問題竟致燒炭自殺。我既驚訝而不安，猜想他的死因會與曾到過的地方有關嗎？然而，謎團最近終於解開。我在朋友介紹下，認識懂術數的居士，她的師傅竟認識 A 君太太。

「據他太太稱，原來 A 君受一位已去世多年的

女歌手糾纏，要求到陰間相伴，結果他竟走上不歸路。」這真相令我毛骨悚然，眼淚徐徐流出。我和聽眾終於得知 A 君死亡真相，多年謎團解開。

最後希望他可以安息，早日重投人道。另，對靈異真相的追求，要適可而止，有些事不宜知道太多。[1]

此事一出，令這個銅鑼灣某大廈後樓梯的「牌位」，更添幾分撲朔迷離。香港著名論壇高登、連登不時有網民翻出「事主是誰？」的 POST。而上文提及的 A 君，是自號「陶夫」的靈異發燒友。甚至更有網民「爆料」，指探靈者除了潘先生和陶夫，另有一位拍攝無主孤魂牌的人，[2] 也被傳失蹤和自殺。

不過，在《連登論壇・吹水台》〈有冇人記得富 x 酒店後樓梯單野？〉，「殮房仔」於 2016 年 3 月 29 日回帖「XXX 街，我做乜被自殺左」，[3] 澄清自己尚在人間，幸好未成為都市傳說的一部分。而「殮房仔」更稱「回憶返起無主

1　潘紹聰：〈聽耳驚聞 - 自殺的真相〉，《AM730》，2011 年 01 月 20 日，網址：http://archive.am730.com.hk/column-41620，瀏覽日期：2021 年 5 月 30 日。

2　血色睡魔：〈【出事架嘛】銅鑼灣某酒店商場「無主孤魂」牌〉，《高登論壇・旅遊台》，發表於 2012 年 6 月 2 日，網址：https://forum.hkgolden.com/thread/3760118/page/1，瀏覽日期：2021 年 5 月 30 日。

3　有關「殮房仔」回應，見〈有冇人記得富 x 酒店後樓梯單野？〉，《連登論壇・吹水台》，網址：2016 年 3 月 29 日 https://lihkg.com/thread/544684/page/2，瀏覽日期：2021 年 5 月 30 日。

孤魂真係碎碎料（回憶起來，無主孤魂只是普普通通）」。[4]

怎麼說也好，總之平安就好。看官如果略嫌「探靈」活動風險太高，不妨看電視節目，看這本書，一解苦悶。（不過後者可能更悶。笑。）

香港的「無主孤魂」

當然，如果出外四處走，其實無主孤魂牌位不是稀有之物，萬一遇上了，所謂靈異事件、撞鬼、「會死人」，其實都不一定會隨即發生（但人終有一死是真的）。

找一找舊報章，你會發現不少「無主孤魂」見報。

如 1953 年 10 月 17 日《華僑日報》，有一則題為〈長洲救濟無主孤魂〉。內文指出：長洲水坑農場之街坊義塚，為該島唯一之幽靈，福耶，年來該島熱心紳耆，曾耗費巨資擴建設塚，本島各山區之失祭骨殖，咸集葬該塚。本年度撿拾失祭骸骨又達一百三十餘具，昨已安葬該塚。

1953 年 10 月 17 日《華僑日報》刊載。

4　同前註。

　　文中所指的「無主孤魂」，是山區失祭骨殖，於是義塚成為無主孤魂的收容所。恰如華人社會常說的「生事之以禮，死葬之以禮，祭之而禮」（語出《論語·為政》），救濟孤魂，其實在香港華人社會屢見不鮮。

　　又如 1956 年 11 月 7 日《華僑日報》的一則題為〈荃灣籌建義塚　安葬無主孤魂　大窩口金塔招領〉。社區發展下，荃灣大窩口開闢住宅區。人的住屋環境要提升，死人的金塔骨殖便需要處理。報道中提及：荃灣大窩口徙置區辦事處通知，該區歷次開闢地盤，發見金塔甚多，為之存放一隅，歷經招認，現尚存有一百一十二具，此地又行時開闢，無法開葬保留，因託該會佈告，限一月內，各關係人須自行將金塔遷移，過期則由本會籌建義塚開葬。

　　當然，無人認領的金塔骨殖，便成為無主孤魂，在籌建義塚集中安葬。

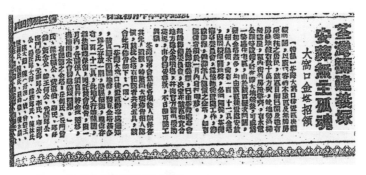

1956 年 11 月 7 日《華僑日報》刊載。

　　看官可能會注意到一些分別：前者可能是山區失修下，失祭的無主孤魂；後者是開闢下，無人認領骨殖的無主孤魂（可能還有些具姓名的）。

　　以下剪報另有提及一種，是無人認領屍體的無主孤魂，內容更涉及華人對「無主孤魂」的想法。圖為1970 年 12 月 2 日《工商日報》〈無主孤魂知多少？〉報道。其中報道描述：「十一個月無人認領屍體共達二千七百三十六具」，數目上看上去不少。說到屍體，「以死嬰孩最多，此外，包括在港沒有親人的屍體和港海浮屍」。當然，這裏提及的未必以「無主孤魂」牌位安置，而是由市政事務處一手包辦，葬在墳場，或在火葬場火化。

　　當中提及到：「無人認領死屍，以死嬰居多，是由於那些死嬰的父母迷信所致，他們認為出世不久即告夭折的嬰孩，只是因為他們前世曾欠下嬰孩前身的債項，所以死鬼投胎來索債，為此之故，他們不再化錢將死嬰埋葬，他們任令這些嬰屍留在醫院，而拒絕將屍體領回。其次，是因為死嬰的父母貧困，無以為殮。」

1970 年 12 月 2 日《工商日報》刊載。

貧困，不領回；迷信索債，不領回；客死異鄉，無人領回；浮屍，無人領回。

總之，無主孤魂經常隨着貧困、迷信、客死異鄉等情況而出現。義塚是善舉，祭之以禮也是善舉。所以按道理，無主孤魂受人供祭，說不出要傷害「葬、祭」的供祭者的原因。

「無主孤魂」的信仰系統

其實在華人社會，過去亦有對應「無主孤魂」的民間信仰系統。有時稱「孤魂信仰」、「孤魂祭祀」，或者古代稱之為「厲鬼祭祀」。祭祀的對應對象，有因天災、戰爭、屠殺、械鬥、疾疫等意外枉死者，或者是無後、夭折死者等。於是，人們想像橫死、冤死等魂魄，會因為無香火供養而影響人間界正常規律，逐步發展成為小牌位、小壇、小祠、拜門口方式的祭祀形態。

對於無主的骨殖安葬問題，古代不時由「國家」、「朝廷」建立「義塚」、「厲壇」處理。但是，又會以「淫祠」、「淫祀」（「越份之祭」或「未列入祀典之祭」）為由禁止 —— 因為沒有道德倫理的準則。簡言之，從國家的管治角度而言，平民百姓拜祭「無主孤魂」無法建立良好的

道德觀。

然而，華人民間信仰中認為無人祭祀屬鬼，他們將會無法安息，四處行惡，藉以尋求香火供養，甚或報復。人們為防屬鬼作祟，便祭祀、鎮撫。故此，在大型的祭祀活動，如打醮、盂蘭，總會有「無主孤魂」、「好兄弟」的身影，藉此達致人、神、鬼的「和諧」世界。

說到世界和諧，在內地和臺灣，屬鬼由於得到供奉繼而轉化為神的例子不少。（即屬「鬼」可以升級為「神」）如海陸豐會稱之「聖人公媽」、「百姓公媽」；臺灣會稱之「有應公」、「義民爺」信仰。（不過，這是民間信仰系統，朝廷、政府未必認可。）

臺灣「有應公」的「有應」是「有求必應」，因為祭祀祂非常靈驗而得名；「義民爺」則是客家族群無名戰死屍骨的義塚信仰。至於內地海陸豐的「聖人公媽」、「百姓公媽」則是有關於「無主屍骨」墳墓的祭祀。兩者與香港「無主孤魂」系統一致。

說回頭，日常拜祭無主孤魂有何好處？最簡單一點，就是減少其作祟；或許也有一些人藉此求財、求有應驗，設使心願達成，還願應許，便是如此。

最後，生命誠可貴，「敬鬼神而遠之」（語出《論語・雍也》），探險前請自行衡量風險。

鬼怪類

新娘潭新娘

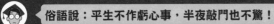 所以說，我不太驚鬼故事。

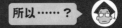 為甚麼呢？

俗語說：平生不作虧心事，半夜敲門也不驚！

所以……？

「女鬼復仇」的鬼故事一點也嚇不倒我。

因為……你很尊重女性？

當然，你看看我有多怕老婆就知道啦！

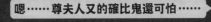 嗯……尊夫人又的確比鬼還可怕……

香港「四大鬼域」之一

　　未知各位讀者有沒有聽過所謂「香港四大鬼域」呢？其實，要講香港的鬼故事，實在是多不勝數，尤其是鄉郊地區。隨便指一個廢棄多年的地方就說是亂葬崗，隨便指一個沒人打理的孤墳就說是蔭屍地。在這其中，有多少真多少假，我們不知道；而能擁有一個標誌性的專屬鬼故，令人一聽到地名就想起來，更可謂少之又少。根據筆者的資料搜集，最早在 2005 年《太陽報》（已停刊）已選出了四個具有標誌性鬼故事的地方，稱之為四大鬼域。當中包括了鎖羅盆、荔枝莊、大埔滘及新娘潭四個地方。[1] 之後，其餘在網上找到「四大鬼域」的資料均以此四個地方展開講述。

　　根據現有的資料所示，鎖羅盆、荔枝莊、大埔滘及新娘潭各自有其具標誌性的鬼故事。有傳鎖羅盆村原本為一條住滿人的小村莊，然而不知道在甚麼時候所有村民都像人間蒸發般消失了。至於荔枝莊，聽說過往長着一大片荔枝林，後來有村民於午夜時驚見荔枝樹上掛着的不是荔枝，而是一個又一個的人頭。大埔滘的傳說則與猛鬼橋掛鈎。由於該處為交通黑點，不時發生交通意外，故有冤魂在那裏尋找替死鬼！

1　　七月河：〈香港四大鬼域邪到爆〉，《太陽報》，2005 年 10 月 15 日。

那麼，本章的主角新娘潭新娘背後又有怎樣的故事呢？其實，「新娘潭」光是看名字，聰明的讀者大約可以猜得到背後是一個怎樣的故事吧？！綜合現有的資料，有指在清代的

1978 年的《工商日報》亦曾報道此故事。

時候，有一位姑娘覓得如意郎君出嫁。未來夫君乃一名讀書人，在鄉試考得第一名，獲得會元的頭銜。出嫁當日，一家人高高興興地送新娘子出門，大紅花轎從烏蛟騰出發去鹿頸[2]（另有一說指是迎親隊伍由鹿頸出發，途經三擔租、新娘潭、涌尾古道、散石窰、涌背，最後返回大美督的夫家[3]）。本來在迎親隊伍出發的時候天氣很好，可是

2　尹天仇：《排在龍尾別回頭：令人顫慄的都市奇談》（香港：文化會社有限公司，2018），頁 122-123。

3　東網：〈四大鬼域之首　冤魂索命新娘潭點解咁猛？〉，《東方日報》，2017 年 11 月 08 日。

途中天色突變，狂風暴雨來臨。到了水潭的上方瀑布邊緣時，其中一位轎夫因地上岩石濕滑而滑倒，新娘連同花轎一併掉落瀑布下的水潭遇溺身亡[4]（另有一說指迎親隊伍經過潭邊時，天上突然發出閃電，雷聲震耳欲聾，大紅花轎就在那個時候被一陣怪風吹下水潭中[5]）。得知未婚妻遇溺，紅事變白事，會元傷心欲絕。自此以後，此水潭亦因此事而取名「新娘潭」。

這個故事仍未完結，後來新娘潭旁邊的一個水潭亦因為這位新娘子而命名。有傳雖然新娘的夫君已親到新娘潭為心愛的亡妻進行招魂儀式及祭祀，可是新娘子的鬼魂似乎仍然留在新娘潭之中。傳聞一到黑夜來臨，附近的居民經常都會聽到新娘潭的方向傳來迎親隊伍的音樂，然而欲走近求證時卻連一個人也看不到。更有傳附近的居民經過新娘潭附近的一個水潭時，偶爾會見到一位女子坐在潭邊，藉潭水照鏡以作梳洗。可是，當居民靠近她的時候，卻發現水裏沒有女子的倒影。居民將新娘潭與經過水潭的經歷聯繫起來，認為是新娘子的鬼魂喜愛在這個水潭照鏡。故此，又替水潭取名為「照鏡潭」。

4   尹天仇：《排在龍尾別回頭：令人顫慄的都市奇談》（香港：文化會社有限公司，2018），頁 122-123；張達智：〈恐怖！香港 4 大鬼域之首　謀殺自殺車禍墜崖通通有〉，《中時新聞網》，2019 年 7 月 17 日。

5   同註 3。

學術台

鬼故事為何女鬼多？

　　讀者們能對此書感興趣，相信是閱讀鬼故事／都市傳說的老司機吧？那麼，筆者斗膽挑戰一下你們。如果要你們想也不想，五秒內儘量數出你認識的鬼魂之名，你們的答案會是甚麼呢？以下是筆者的答案：

認識的鬼魂之名

《聊齋誌異》〈聶小倩〉的聶小倩

《聊齋誌異》〈畫皮〉的女鬼

《竇娥冤》的竇娥

《午夜凶鈴》的貞子

中大鬼故的辮子姑娘

　　這是筆者的錯覺嗎？還是大家都是這樣呢？當要數鬼魂之名時，數來數去總是女鬼的名字，感覺好像鬼故事的鬼角色總是以女性為多。有學者在她的研究中也指出了這個現象：「說到鬼，人們首先想到的不是『刑天舞干戚』式的強悍而血腥的無頭屍形象，而是一個個面色慘白的

女人」，[6] 又說「最出名的亞洲恐怖片，日本的《午夜凶鈴》、《鬼水凶靈》、《富江》、《咒怨》系列，香港的《陰陽路》、《山村老屍》系列，莫不如此」。[7] 回想我們讀過的書、看過的電影、聽過的傳說，的確好像不乏女鬼的身影，而著名的男鬼卻真的少之又少。為甚麼呢？根據現存的研究，這現象與女性在亞洲傳統文化中的社會地位較低有很大的關係。

首先，從死後的地位來說，男性是很難成為遊魂野鬼、無主孤魂的。在亞洲傳統文化之中，要是你不想成為無主孤魂，方法只有一個，那就是成為別人的祖先。要成為別人的祖先，就要符合一個條件：擁有可以祭祀祖先的後代。各位讀者試把眼光挪回古代的時候，那時是一夫一妻多妾制的年代。若某某男子的妻子生不出孩子，他可以多娶一個，再生不出來，又再多娶一個。甚至不用以生育作為理由，他可以隨時娶上好幾房妾室。不管是上述哪種情況，男性很容易就可以提高其擁有後代的可能性。可是女性呢？那情況就不太一樣了。由於先天生理不同，女性只有透過自己懷孕自己生產才會有下一代。再者，若是為人正妻還好，當丈夫受到祭祀，妻子亦會一同被祭；可是，若為人妾室，則一定要生育孩子，而且必須是男

6　　安琦：〈淺談文學影視作品中的女鬼形象〉，《蘭州學刊》，2009 年第 11 期，頁 182。

7　　同前註。

丁，這樣才有可能在去世後被祭。是以，在如此的傳統文化之下，女性成為鬼故事的主角 —— 遊魂野鬼、無主孤魂 —— 其可能性是遠超男性的。不少鬼故事的緣起，正是因為女鬼沒有人祭祀，便以搗亂和作祟的方法引人注意、惹人害怕，而對其進行祭拜以求平安。[8]

其次，從生前的地位而言，女性在封建的父權社會中經常是受害者。女性在現實生活中經常受到欺侮，卻又無力反抗。只好在作家的同情下，在鬼故事中於死後世界作出申訴和抵抗。例如，在《太平廣記》〈報應二十八〉有一故事「張景先婢」。在那個故事中，張景先寵婢的鬼魂就向主簿夏榮申訴，她被張景先妻子殺害，並棄屍於廁內。

唐荊州枝江縣主簿夏榮判冥司。縣丞張景先寵一婢。其妻楊氏妒之。景出使不在，妻殺婢。投之於廁。景至，紿之曰：「婢逃矣。」景以妻酷虐，不問也。婢

歷史悠久廁所女鬼圖

8　詳細可見：清翔：〈為何女鬼故事比男鬼多？〉，《人本教育札記》2017 年 1 月第 331 期，頁 86-89。

訟之於榮，榮追對之，問景曰：「公夫人病困。」說
形狀，景疑其有私也，怒之。榮曰：「公夫人枉殺
婢。投於廁。今見推勘，公試問之。」景悟，問其
婦。婦病甚，具首其事。榮令廁內取其骸骨。香湯
浴之，厚加殯葬。婢不肯放。月餘日而卒。（出《朝
野僉載》）

又例如，在《聊齋誌異》第五卷中有一個「竇氏女」
的故事。故事裏的男主角南三復以甜言蜜語騙得竇氏女與
他發生關係。後來，因竇氏女出身寒微，又棄之不顧。縱
然竇氏女抱二人之子向他求助，他亦不聞不問，以至母子
二人僵死於其門前。後來，南三復遇上一些靈異之事，以
至家破人亡，明顯是竇氏女的鬼魂向他復仇。

類似以上「女鬼復仇」的鬼故事，在亞洲文學的世界
裏比比皆是。由於在現實生活無力反抗，於是不管報復仇
人還是沉冤昭雪，都只好透過作家的筆下，於文學的世界
中以搗亂和作祟作為反抗的手段。有學者更進一步指出，
由於在現實生活中男權社會對女性多有壓迫，因此「女鬼
復仇」的主題才會令人感到恐怖，因而在文學創作上大行
其道：

原因在於，女鬼是作為一種男權主義潛意識裏
的恐懼形象來出現的。在一個以男性為主，女人受
到壓迫的環境裏，男人一方面享受着對女性的主導

權和控制權，另一方面，作為壓迫者，對於被壓迫者本身有一種恐懼，潛意識中怕她們的報復。[9]

當然，若然在你的家中是以夫人為主，被壓迫的是丈夫，或許未來就會有一個復仇怨夫的鬼故事面世了⋯⋯

9　　安琦：〈淺談文學影視作品中的女鬼形象〉，《蘭州學刊》2009 年第 11 期，頁 183。

本詞條撰稿員：潘啟聰

辮子姑娘

 鬼故事要令人感到恐懼要有一定的 formula，是真的嗎？

你不相信？！

 舉個例子吧！

穿繡花鞋的女鬼 vs. 穿人字拖的女鬼！

 你這樣說也是⋯⋯ 不過為甚麼一般都是穿繡花鞋的「女」鬼？

因為即使不是鬼，男人穿繡花鞋都是一件恐怖的事。

號稱中大鬼故之冠

　　有時候，做研究就是這樣。難得找到好的資料，捨不得用一次就算了。前章曾提及《中大四十年》的特輯，當中載有〈鬼故〉一章。筆者見到後開心過中獎，畢竟鬼故事是甚少出現在「官方」或較「正經」的刊物之上（(๑•̀ㅁ•́๑)大家放心，拙作不會因此只限於中大鬼故事的講述）。這個故事筆者覺得絕對不可以錯過，它知名度是：不管你是否中大學生，你都極有可能聽過這故事。《中大四十年》的編輯稱這個故事為「鬼故之冠」，那肯定是名副其實的。它不只是中大鬼故之冠，若稱它為香港大專界的鬼故之冠也是名實相副的。這個故事就是有名的〈辮子路〉了。

　　好吧！以下讓筆者先向大家講講「官方」的版本吧！

改編自《中大四十年》版辮子路

　　話說香港中文大學成立於上世紀六十年代。由於位處火車路軌旁，當時不少偷渡來港的內地同胞也會先在中大附近跳車，休息一、兩天再去「抵壘」。所謂「抵壘」，那是指港英政府的抵壘政策。只要內地來港的偷渡客能夠成功抵達市區，並到入境處登記（這就是抵壘的「壘」了），他們就可以在港合法居留。所謂家國情濃，那些年頭有很多熱心的中大同學會拿食物及衣物接濟藏匿於山野的偷渡同胞，希望他們可以好過一些。正是因為有學生到山間送贈物資，這才無意地發現了一宗駭人聽聞的慘事。

據悉，那件慘案發生在某一個天寒地凍的夜裏。有一位姑娘飽經艱辛終於成功從內地偷渡來港。休歇過後便乘搭巴士，打算儘快到市區的入境處，早日「抵壘」以免橫生變數。不料，就在途經馬料水之時，她赫然發現前方有警察路障。只要被警察發現她是非法入境者，她便會被遞解回內地，之前的努力都付諸流水了。在情急之下，她毅然作出了一個大膽的決定 —— 跳車。可是就在跳車的一刹，在這位留了一條長長辮子的姑娘身上發生了一件可怕的意外。她跳車的時候，辮子不幸卡住了巴士的窗框。她落地時頭髮連帶面皮都被無情的衝力扯去，容顏盡毀且血肉模糊。為了不被前方的警察發現，這位姑娘只好強忍着劇痛，迷糊間朝相反方向一直走，一直走。她希望回到她早前跳軌的中大後山，稍事休息和再作打算。可惜，那位姑娘終於在華連堂至眾志堂樓梯之間右方的小徑不支倒地，香消玉殞。這小徑就是今日廣為人知的辮子路了。事發翌日，警方發現了她的屍首。在警方清理過後，事情就好像告一段落了……直至……

某日夜裏，一位男學生途經那條小徑，見到一位姑娘的背影。那位姑娘留了一條長長辮子，獨自站在路上。那名男生想上前搭訕，然而，當那位姑娘轉過頭來的時候，把那男生嚇個魂飛魄散。她的臉上沒有任何眼耳口鼻，只有一張分不清是血還是髮的臉！辮子路的故事自此不脛而走，迅速在中大師生間傳播。

其實，這本書已經是施博與筆者寫鬼、寫傳說的「第三季」了。我們都覺得愈是研究傳說，愈是覺得它們有趣。明明任何傳說總會有個源頭、有個原裝正版，但大多時候都是找不到的。當筆者以為中大學生報《中大四十年》算是「官方」的原裝正版時，筆者發現原來中大自己出版的不同刊物上竟已載有不同版本的〈辮子路〉故事。

|不識辮子是辮子圖|

改編自 1978 年 4 月〈崇基學生報〉版辮子路

話說中大保健處未開幕之前，師生們感到身體不適都是去現為教職員宿舍的舊診所。有一天晚上，天氣陰沉，微風吹着散不開的霧氣，細雨漫漫地飄落。在橙紅的暗光下，宿舍附近的路顯得格外的寂靜孤清。雖已是半夜十二時多了，路上仍有一位夜歸男學生在路上趕返宿舍。他沒有帶雨傘，加上深夜寒冷，只好瑟瑟縮縮地快步前行。沿路上就只有他一個人，直到行經舊診所時。他見到前面有一個身穿白袍的人正在漫步。也許，男生比較粗枝大葉吧？這位男生並沒有覺得驚訝或不對勁，更是心想：「這大概是診所的護士或工友吧？！既然他也是自己一個人，何不上前與他同行，好讓大家都有個伴呢？」於是，他便加快腳步，走到他身後。他發現這人留有一條很長很長的辮子，想必是一位小姐。男生便大膽對她說：「小姐，時間都這麼晚了，你是一個人返宿舍吧！我也是一個人，不如我們一起走，路上作個伴吧！」男生把這番話說了幾遍，對方還是沒有反應。男生猜想：「兩旁樹葉被風吹得沙沙作響，我的話定必是被掩蓋了吧？！」因此，他特意繞到她的身前再去問她一遍。當男生正想開口的時候，他頓時被眼前所見嚇得目定口呆。男生見到那白袍姑娘的臉上沒有五官，只有一條如她腦後一樣長至及膝的辮子。男生嚇得連爬帶滾地飛奔向眾志堂那邊去，一條辮路之名亦因此事而傳開來。

自這件事發生過後，這段路不斷有很多言之鑿鑿的新傳

聞，使得辮子路的神秘色彩倍增。例如，有一次，有位學生在飯堂食過晚飯後，便膽粗氣壯的跟朋友說要試一試獨自一人經一條辮路返回宿舍，看看有甚麼怪事會發生。那時大概是晚上七時三十分左右，那學生除了感到一路上非常安靜，沒有一點聲音之外，並沒有發生甚麼。可是，返回宿舍之後，當他正想向同房友人逞英雄時，他的同房卻一臉着急地質問他究竟去了哪裏。他的同房說所有人都很擔心他，因為他一去便是五個小時之久。那學生傻了眼，堅說自己只是行過一條辮路而已。他還以為是同學們想捉弄他，他便看看手錶，赫然發現已是午夜十二時三十分了。他整晚都睡不着，心中感到異常恐慌。按照平時的經驗，由飯堂經一條辮路返宿舍，決不會需要多過半個小時吧？！另外，又一次有人在舊診所門外，看見一個女人向其迎面而來。仔細一看，面孔除了像剝了殼的熟鵝蛋之外，其餘眼、耳、口、鼻甚麼五官都沒有！

2007 年的中大學生報《迎新特刊》上亦刊有辮子路的故事，其內容大約與之前兩個版本差不多吧！大概也是說在那段路上見到一個身穿白衣、梳着長長辮子、臉上沒了五官的女子。只是，該女子的死因跟之前的版本不一樣，說是：在跳火車的一刹，她頭上長長的辮子捲進火車的車輪，高速轉動的車輪把她的頭髮、頭皮甚至部分面皮也一併扯掉。後來，她走到常綠徑時不支倒下而死。

學術台

鬼的造型多有相同？

　　不知道大家對於鬼故事有多熱衷呢？各位讀者到底讀過多少鬼故事呢？

　　筆者有時候會在課堂上跟學生分享自己的寫作和研究。曾遇過學生跟我說：「老師，我怕鬼，您還是不要講好了。」我笑着跟她說：「其實，鬼故事是讀得愈多愈不怕呢！」她不相信。我說：「當你讀得愈多的時候，你就愈是發現鬼故事有寫作的 formula 呢！」我問她：「如果你聽到一個長髮女鬼鏡前梳頭的故事，你怕嗎？」學生說：「別說了，想起就怕！」我繼續問她：「如果改為一個短髮女鬼鏡前 gel 頭的故事，你怕嗎？」學生說：「嗯……應該蠻好笑的。」我問她：「如果你聽到一個身穿白色旗袍的女鬼復仇的故事，你怕嗎？」學生說：「光聽這就怕了！」我繼續問她：「如果改為一個身穿迷彩 hip hop 衫的女鬼報恩的故事，你怕嗎？」學生說：「嗯……應該蠻好笑的。」我接着說：「所以，不要單單因為故事性質是講鬼就先入為主地覺得可怕，鬼故事要令人感恐懼是要有一定

| 貪靚鬼圖 |

的 formula 呢！」[1]

以上講述了辮子路的不同版本，如果讀者夠細心的話，大約可以留意到不論是哪個版本的故事，當中有一些元素並沒有改變過。一、不幸慘死；二、長髮；三、（不知哪裏來的）白色衣裳！對嗎？為甚麼呢？很簡單，不是這樣，故事就不恐怖了！有關「不幸慘死」這元素，學者侯丹曾指出慘死對鬼故事的重要性：

> 中國鬼無論美醜都不帶有絲毫的滑稽性，他們在人的思想觀念中是嚴肅的、絕對恐怖的化身。人死為鬼，而不同死亡方式也決定了鬼的可怕程度，鬼若是生前受了冤屈，死後必化為厲鬼來尋仇。[2]

簡而言之，如果辮子姑娘不是慘死的話，聽故事的人就不會思疑她已化厲鬼，亦不會害怕她。只有故事的鬼遭受了悲慘之事，祂才會變得可怕。另外，亦有學者指出，不少的鬼故事都以女鬼為主角，而且造形上都大同小異。祂們通常都是穿着白色的長裙，長髮披肩，對嗎？學者安

琦認為，這是要令讀者有一個大逆轉的感覺，從而帶出女鬼可怕之處。

> 而在女鬼身上，這些曾經吸引人的符號忽然來了個大逆轉。純潔的、可愛的、柔弱的，在受到了某種來自男性的侵害後，成為了復仇的怪物。[3]

甚麼是逆轉感？安琦指出女性在生前常被要求順服於男性，白色長裙象徵男性對女性純潔的要求，長髮象徵男性對女性溫柔嫵媚的要求。這些曾經吸引人的象徵、在無數男性心目中最完美的倩影在恐怖的女鬼身上出現，這是要凸顯出順服的放棄，代表女鬼的反抗以及報仇。未知各位是否同意這位學者的分析呢？

---

3 安琦：〈淺談文學影視作品中的女鬼形象〉，《蘭州學刊》2009 年第 11 期，頁 182-183。

都市傳說筆記本

第三章

地域類

地域類

中山紀念公園

 上週跟朋友去看了個新樓盤，朋友跟風水大師修行多年，說那是一個風水極佳的單位呢！

怎麼說？

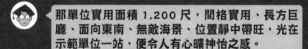 那單位實用面積 1,200 尺，間格實用、長方巨廳、面向東南、無敵海景、位置靜中帶旺，光在示範單位一站，便令人有心曠神怡之感。

中山紀念公園的傳說由來

假日帶小孩子去中山紀念公園，眼前景象，就是人們在草地踢球、拋飛碟、野餐、騎單車……無他，疫情下能到公園玩玩，也是「奢侈」。或許，孫中山的銅像已不是主角，遠遠望去，他是一片綠草地的圓心，朝向高樓大廈，背着維多利亞港，在一旁豎立石碑和十字架 —— 應說是燈柱 —— 的襯托下，正好為孫中山銅像打卡。雖然「構圖很美」，卻少不免有點身處墳場的感覺。話說回來，中山紀念公園應是西營盤區最大的公園（「應該係，除非唔係」）。

至於關於中山紀念公園傳說的由來，大體與風水有關。筆者印象最深，就是陳云根在 2014 年 11 月《AM730》刊登的兩篇小文章。

第一篇是 11 月 17 日〈西九毒蛇陣〉，有以下描述（摘錄）：

> 十年來，術數界風聞，西九文化區的風水格局，暗藏殺機，禍害香港。……西九填海區的尖端部分，沒有文化設施，保留綠地，從高處俯瞰此三角頭，前端西隧通風大樓是蛇口，兩邊的圓形是蛇眼，左邊是文化大道盡頭的圓形小廣場，右邊是小型藝術展覽館。……
>
> ……政府選了英國富士德建築行的玻璃天篷模型。天幕用黑色玻璃纖維建造，下面是文化場館，

玻璃天幕猶如鱗甲高舉，令蛇頭得到頸項，術數界議論紛紛。幸好後來發現造價昂貴，保護艱難，政府放棄了。

有蛇頭就要有蛇身。況且整條蛇是人工所造，並無天然氣勢可借，只好造假到底，做戲做全套，為蛇頭增添蛇身和機動力。故此，政府一意孤行興建高鐵，從邊界引蛇身來香港，更從地底高速冒出，偷襲維港。偷襲的對象，就是對岸的中山紀念公園。公園在信德中心對出海濱，中山銅像座向背水面山，背後正是西九大蛇，毒蛇嚙背。

孫中山是國父，銅像必須後有靠山，例如山峰的腹部、紀念堂的巨牆，最少也要在後面有高聳樹林。若是小銅像，則位於花圃、溪流之中也可。香港海旁，風煞盛大，中山銅像卻是右手執帽，去冠革職，左手執大衣，兆示疲累，也無袍甲保護。

造像不吉利，環境更凶險。銅像旁邊，設立眾多高大十字架及石碑群，乍看就如西式墳場。公園牌子說明，園內的十字架是象徵孫中山的基督信仰。然而，孫中山並不標榜其基督信仰，而且十字架一個就夠，同時在一地豎立密麻麻白色十字架，除了墳場之外，又有何處？……

第二篇是 11 月 24 日〈大破毒蛇陣〉，有以下描述：（摘錄）

上回講到，西九暗藏毒蛇陣。善信一行七人於十一月十三日佛陀降凡日，以北斗七星之數，勇上太平山，大破毒蛇陣。

瑜伽士祖利安先到中山紀念公園觀察，發現公園近海處有三座蛇形雕塑，中山銅像之台座乃黑石而非慣見的白石，上刻「自由、平等、博愛」。黑色屬水，象徵基座銘刻的三大現代精神流失大海。公園入口有亭，陰氣甚重，附近泳池公廁仍屬新建，但臭氣熏天。公園原為西區公園及三角碼頭，香港淪陷期間，日軍在三角碼頭屠殺港人，潮州人在此辦盂蘭勝會，超度餓鬼，臭廁正是聚鬼之所。西九毒蛇陣從背後撲擊孫中山，而國父銅像受困於鬼塚⋯⋯

瑜伽士與城邦派成員及忠志之士，先於孫中山紀念公園對角線，將殊勝因緣下獲得之大鵬金翅鳥微小法器埋藏在公園隱蔽之處，剋制對岸進擊之毒蛇。再借土地龍神之力，以「水來土掩法」阻止自由、平等、博愛流失，然後修阿彌陀法迴向超度諸餓鬼，使其早生善道以至西方淨土，不在公園聚集作惡，與對岸之毒蛇呼應。

到了五年後香港爆發社會事件，年輕一代便將風水傳說炒起來。其時，有人提議「護港神獸」—— 蛇獴。或許，有人對上述描述深表贊同；或許，有人感上述描述

穿鑿附會。不過，在此先說明風水玄學之說的簡單心理機制：當人感覺不安，便要找方法處理這種不安，各施各法。

話說回來，孫中山對臺灣年輕一代重要嗎？對香港年輕一代重要嗎？總之，對我們重要嗎？筆者不由得想起唸研究所時胡春惠教授的大概說法，「孫中山」對於兩岸四地來說，正好是連結、紐帶。故此，筆者以為，若對「毒蛇陣」存姑妄聽之，姑妄信之之心，「困死孫中山」及其象徵的價值信念，似乎並不是好事。

「中山紀念公園」的前世今生

孫中山是「連結、紐帶」，在孫中山百年誕辰臨近的時候，英屬香港時期的社會各界已經希望籌建「中山紀念公園」。在 1966 年 2 月 26 日已有報道，提及構思永久紀念的辦法：一、籌建港九兩地紀念堂；二、在啟德機場建立紀念銅像；三、籌設中山醫院；四、籌闢中山公園；五、發行紀念郵票；六、街道命名紀念；七、在青山紅樓建立紀念館；八、設中山紀念獎學金；九、籌設中山圖書館等各項意見。當中，「中山公園」被視為重中之重，卻未能落實。

〈籌建中山紀念公園　成立小組研究策進事項〉,《工商日報》,1966 年 2 月 26 日報道。

物轉星移,到了回歸之後,總算一圓所願。1999 年,臨時市政局通過於西營盤區內建設中山紀念公園。不過,到了 2002 年 12 月中山紀念公園啟用時,因紀念性不足被批評有負紀念之名(僅有「天下為公」刻石)。其後,政府決定重整重建,在 2008 年至 2010 年間關閉公園。終於,紀念公園完成整修,重新開放,就是現在所見的佈局。至於紀念之物寓意如何,則言人人殊(話說長廊雕塑分別是自由、博愛及平等,造型奇特,確實需要多一點想像力)。

不過說到「金翅大鑊鳥」（這次麻煩大了），應該是屯門青山「中山公園」。早前筆者曾在那裏拍攝中史教科書配套短片，但現在翻一翻新聞，發覺公園遭破壞愈見嚴重。

中山公園建於 1983 年。按〈青山紅樓中山紀念公園建設工程捐款碑記〉的說法，是由香港孫中山紀念會在原有中山紀念碑及紀念銅像的基礎上開闢而成。公園原本是商人李紀堂所開闢之青山農場，而公園旁的紅樓是農場辦事處。由於李紀堂支持革命，並且多次利用農場接待革命黨人及策劃革命，所以讓此地被視為「革命聖地」。其後農場易手，改名為新生農場。[1] 過去英屬香港政府治下，紀念會一直爭取建園。但到了香港回歸之後，公園命運似乎更為坎坷：

- 2002 年，公園遭人惡意破壞，紀念銅像遭人撥糞，園中三株桄榔樹亦遭齊口砍伐。[2]
- 2014 年，公園遭大肆破壞，孫中山先生銅像底座及紀念石碑被淋上黑油，入口塑膠招牌及多塊石

1　　羅香林：《國父在香港之歷史遺跡》（香港：香港大學出版社，2002），頁 33-39；蕭國健：《香港的歷史與文物》（香港：明報出版社，1997），頁 160-166。

2　　有說桄榔樹本來有六株，其中三株說是孫中山所種植，1960 年遭受電殛，現已枯死；另外三株是黃興所種，其中兩株分別在 2000 年夏季及秋季已枯死，僅餘的樹幹，到 2001 年 7 月被惡意砍掉，另一株亦在 2001 年 9 月倒下。

碑被擊破，多幅代表青天白日滿地紅旗被扯下或
撕爛。

- 2017 年，古諮會開會通過將屯門青山紅樓列為暫
  定古蹟，為期一年。

- 2020 年 12 月，公園內的青天白日滿地紅旗和紀
  念碑前廣場的四塊紀念碑，已分別被移除，並塗
  上與牆壁一樣的藍色油漆。

行文到此，筆者不期然想起最近 Error 組合在節目中
的說話：「相信一種價值，因為價值係由我哋（們）主
觀去定義。只要你相信，佢（他）永遠都會存在。」

＃ 地域類

港島西地下鐵傳說

 為甚麼自古以來鐵路相關的傳說都那麼多？

我不是鐵路迷，不太熟。但作為一個正常人，我知道最恐怖的鐵路傳說是哪一個。

 哪一個？

就是鐵路票價「有加無減」機制傳說。

 ⋯⋯⋯⋯

鐵路迷的老作世界

筆者作為窮 L、窮爸爸，為了讓內子帶女兒到西營盤上幼稚園方便些輕鬆些，於是，離開居住了八年、充滿渡假風情的南丫島榕樹灣，搬入現在「新舊交替中」的西營盤，與西源里招財貓神壇 Say hello。哼，重點當然人就更窮了。看官不要問我，為甚麼不住上西半山，總之就是窮。

不過，居住環境變了，上班環境卻沒甚麼大變動。是因自從進入金融界打滾之後，Office 名義上在中環（實則在上環），從榕樹灣坐渡輪出中環，仍舊在地鐵港島線出沒，也見證着地鐵港島西延線通車。和很多香港人一樣，工作日常，坐地鐵火車，走站內通道，回 Office，回大學。車來車往，多一分無聊，便多想（或看）一些鬼故事。

為了賺一些微薄的稿費，幫補「無限大」的開銷，讓我們先回到關於這些地下鐵「老作」的都市傳說故事。今回重點，放在港島西這一邊。

老作傳說一：上環站中層月台

上環站有一個神秘月台，原稱「林士站」，話說當年鬧鬼鬧得非常厲害，有工人目睹有白衣女子墮下月台。正因為鬧鬼事件，令地鐵公司無法將車站建成。其後，上環站

啟用，但有說當年有乘客不慎墮進無軌月台慘死。於是，地鐵公司加上圍欄。此外，不時在該月台會聽到淒厲的鬼叫聲，甚至有人見到白衣女子跳下月台，又或看到有列車停泊。

老作傳說二：
西營盤站早已建成，惟鬧鬼不開站

網上流傳（創作：有心無獸）的鬼故事，大略如下：

話說西營盤早已建成，但在最後一次檢測時，出現重大事故，當班測試列車由西營盤站開出，到達香港大學站之後，車上五個職員離奇失蹤。直至半個月後，有人在隧道中尋回三人。三人表情看上去並無異樣，又說不出發生何事，似乎對半個月來的事毫無記憶。港鐵其後找來腦科專家，亦無法得出個究竟。最後，地鐵公司發放一筆錢讓他們休養。而另外失蹤兩人則作意外死亡，賠一筆額外賠償作「掩口費」。三個月後，三名休養的職員於同一日自殺，其中一位先殺妻兒才跳樓。故此，地鐵公司決定延遲西營盤站開通。

又，站內不時傳來「滴答、滴答」的水滴聲，而月台地板上有一個又一個混有泥濘的濕腳印。

傳說三版本：白衣女鬼與高街鬼屋亡魂

當年興建「屈地站」及「西營盤站」時，居民已表示反對，指該區為藏陰之地。動工之後，則會釋出鬼魂。而且，原來的西營盤站位置臨近「高街鬼屋」。惟地鐵公司不信鬼神，工程繼續進行，到打通隧道後，怪事隨之而來。先是意外頻生，工人無故受傷；二是聽到漆黑隧道傳來淒厲叫聲，又一說是笑聲。最後令一眾工人心寒，無法工作，甚至有工人開始罷工。

傳聞有一名外籍工程師，帶領數名工頭，從車站大堂經樓梯，到達月台。此時，看到一名白衣女子，呆站在月台車頭位置。眾工頭嚇呆了，而外籍工程師卻認定是閒人夜闖，欲趨前喝止時，白衣女子向前一傾，掉下路軌。有人墮軌，在場人士連忙衝到月台邊，探視月台之下，竟是空空如也。故此，工程師連忙與公司商討，停止西營盤站工程，以圍板密封月台，安撫工人。然而，白衣女子每逢深夜十一時便出現在其他車站。最後，地鐵公司請來法師處理，法師指白衣女子原是高街精神病院女病人，本無精神問題，惟她被關進精神病院後，累年遭受折磨，終於真正崩潰，於病院天台一躍而下。

法師警告地鐵若強行工程，勢將驚動高街鬼屋內亡魂，情況一發不可收拾。

於是港島西延線，直至近年才能通車……

非鐵路迷的世界

先聲明筆者不是鐵路迷，或許有一些不準確的地方。

傳說的由來，大體與香港路線規劃有關。早在 1967 年，香港政府便發表《香港集體運輸研究（Hong Kong Mass Transit Studies）》；三年之後，即 1970 年，《集體運輸計劃總報告書（Hong Kong Mass Transit Further Studies）》則按人口預算，分有五線：港島線、港九線、荃灣支線、觀塘支線及東九龍線。其中，東九龍線及港島線（粗體的車站）便是這篇的主角。

東九龍線：鑽石山、啟德、馬頭圍、土瓜灣、何文田、紅磡、馬連拿、林士。

港島線：堅尼地、屈地、西營盤、上環街市、必打、港軍船塢、灣仔、跑馬地、天后、北角、鰂魚涌、西灣河、筲箕灣、柴灣碼頭、柴灣中。

七年後，即 1977 年的《香港地下鐵路公司年報》，也有相似的構成，不過鐵路網預想都由顧問提議，與現實未必完全相符，政府也未必一一批准，而車站的命名也會有所改動。

不過，到了地鐵上環站動工，地鐵公司原則上按顧問構思進行，包括了東九龍線的林士站及港島線的上環街市站。如 1982 年 5 月 25 日《大公報》中有一則〈地鐵上

環站將動工　公司宣佈已批出兩項工程合約〉，內文便指
出由「日本的西松建設株式會社」取
得兩個合同外，也說明了內容包括：

> ……興建一個四層高的地
> 庫。該地庫包括上環站於永樂
> 街、林士街及干諾道中的東面售
> 票大堂、機房層、月台層及地庫
> 商場。另外合約亦包括未來的東
> 九龍線作預備連接用。……包括
> 建造上環站、中部售票大堂及上
> 環街市以東的行車隧道等。……

1982 年 5 月 25 日
《大公報》刊載。

報道說明上環站需要建置未來東九龍線。故此，傳說
一構成有賴東九龍線的「林士站」月台。最後，上環站也

1986 年 5 月 24 日《大公報》刊載上環站建成，港島線全線通車的報道。

順利完成，於 1986 年 5 月 23 日開幕。

除此之外，同日有〈彭勵治在上環站開幕式上稱　地鐵獲得盈利之前　港島線不會通西環　李敦說青洲填海計劃明朗再考慮〉的報道，說明地鐵公司停止延線至西區的原因，是盈利的問題，並有以下描述：

  ……地鐵公司主席李敦在儀式後對記者說地鐵公司較早時曾詳細研究擴展地鐵至西區的可行性，顯示在經濟上並不可行。他說，如果展望以後的日子，港府決定在青洲開始大規模填海工程的話，將會為青洲及堅尼地城帶來更多的人口，屆時便有條件考慮擴展地下鐵路。他指出這是九十年代的事。……

不過，現實是港島線西延是差不多三十年後的事（笑）。正因較預想中晚了許多才擴展鐵路線，傳說便更多了。到了準備開線，西營盤站又出事。

西營盤站於 2015 年 3 月 29 日啟用。相較香港大學站及堅尼地城站於 2014 年 12 月 28 日通車，晚了三個月。原因是西營盤站奇靈里出口（B3 出入口）行人隧道因地質問題，須用「凍土挖掘法」建造，難度較高、且較花時間，導致工程延誤。而港鐵公司堅持西港島線於 2014 年年底開通，於是開通時列車不停西營盤站。而奇靈里出入口則需直至西營盤站開通差不多一年後，才正式

啟用。[1] 當然，筆者經常途經西營盤 B 出入口行人隧道，確實有漏水問題，時有水跡。還有，路經六幅由英籍藝術家 Louise Soloway Chan 創作，名為《裏裏·外外 ── 東西南北》浮繪版畫，畫中人物維肖維妙呈現香港人「黑面」（或稱「西口西面」），說成「怪異」、「面目猙獰」，也正好成為極佳的素材，構成老作傳說二。至於有說這些版畫「容易招陰」，但筆者倒看得「幾開心」。[2]

猛鬼之地在上環、西環？

至於傳說三，意有所指上環、西環一直被視為猛鬼之地。這確實有不少「地緣」因素，構成上好的鬼故事。先是建於 1851 年的上環廣福義祠（位於香港島上環太平山街 40 號）。在香港開埠初期，華人來港謀生，患重病時，這裏便成為收容所，甚至病危彌留，也在這裏等……死……。當年義祠經營不善，使人屍共處，衛生環境惡

1　〈西營盤 B3 出入口啟用　港鐵指複雜土質致延遲〉，《東方日報》網頁，發佈時間：2016 年 3 月 27 日（日）11:52，網址：https://hk.on.cc/hk/bkn/cnt/news/20160327/bkn-20160327115241740-0327_00822_001.html，瀏覽日期：2021 年 5 月 23 日。

2　〈搜查線：西營盤站壁畫太怪異　網民穿鑿附會〉，《東方日報》網頁，發佈時間：2016 年 6 月 08 日（三）07:00，網址：https://hk.on.cc/hk/bkn/cnt/news/20160608/bkn-20160608070031105-0608_00822_001.html，瀏覽日期：2021 年 5 月 23 日。

劣。於是政府在 1869 年封閉義祠，並催生 1872 年建成的東華醫院。所以，臨近的普仁街本來就是墳墓街。東華醫院建成後，將骸骨移到西環牛房義山，位置大約在西環（堅尼地城）士美菲路一帶。至於西營盤高街鬼屋，看官不妨看回《香港都市傳說全攻略》，筆者亦有介紹。

不過，維多利亞城發展，由上中下環三環七約，慢慢到四環九約，不斷延展。生與死是城市發展必須面對的問題。昔日所選墳地本已位處城市邊陲，但在城市擴展之下，便需要將死人挪開，讓生人進駐。何文田也好，華富邨也好，西環也好，都在重複同樣的故事。至於傳說三挖地洞、開鐵路，會驚動或釋放亡靈，那麼建高樓、打地樁，不也早就驚動了嗎？這種機會需要留給地鐵嗎？

本詞條撰稿員：施志明

地域類

滙豐總行秘密通道

 我發現人類對挖地道很有遐想。

是啊，小時候我也幻想家裏有地道。

我也是，可惜我家在三十樓，往下挖就是二十九樓，馬上消滅了遐想。

我就不同了，我在家裏真的發現了地道，地道還藏了錢。

啊？然後呢？

然後被我媽從床板底抽出來打了一頓。

港督府與滙豐總行的秘道

　　都市傳說之中，有時會聽到有些同事、朋友（筆者按：他們並非學術界的）說到香港秘密通道。秘道的出現，大多推究於當權者的安危問題。其中聽得最多的，就是如下的故事版本：

> 話說當年港督為了能隨時「着草走佬（穿草鞋撤離）」，又或者進行秘密行動，於是在港督居住的總督府（即今日禮賓府），挖了四通八達的秘密隧道，主要連接以下三個地方：
>
> 一、政府總部，理由是可以方便與官員溝通，商議政事；
>
> 二、添馬艦的駐港英軍基地（即今日解放軍總部），可以調遣軍隊，運籌帷幄，決勝千里；
>
> 三、滙豐銀行總行，可以隨時運送金條現鈔，緊急提款。
>
> 政治、軍事、財經，都包攬了，但還不夠。最重要是「錢財」能夠離開香港。
>
> 故此，滙豐銀行總行也有一條秘密隧道，可由總行通往維多利亞港，通向大海。假如有甚麼風吹草動，便可將總行內的金條現鈔，經此路離開香港，送往英國。
>
> 日軍來襲、六七暴動，甚麼也不怕了。總之可以安全四

竄。所以，香港各處都佈滿地底秘密隧道，而英國人就是多麼的詭計多端，貪得無厭，自私自利，都是「搵着數」（找好處、便宜）。（筆者按：好像沒甚麼關係）

如此，正當他們侃侃而談，說着英國人不是，突然看着我，問我是否這樣。我實在不知從何說起，是因為「秘道」到了今時今日，似乎不是甚麼秘密。至於英國人是否如此，我也不想多作評論。

秘密隧道不再秘密

筆者先回應一下，前文提及的兩條「秘密隧道」。

對於港督府的秘道，早在 2009 年已有破解。香港電台製作了電視節目《絕密檔案・X》，製作組人員為「秘道」四出查探，在前政府檔案處處長朱福強「教路」下，總算找到相關資料。根據香港政府檔案處 1941 年的資料顯示，該秘道由禮賓府直通下亞厘畢道政府總部附近，長至少 310 米，闊度則由 1.2 米至 3.4 米不等，高度大約 2 米，而且有照明系統。推測是戰前由香港政府建造，但通道出口設在下亞厘畢道路旁，與政府總部仍有一路之隔。至於坊間流傳指秘道直通滙豐銀行總行及添馬艦駐港英軍基地，答案為「否」。所以，現時我們可以在下亞厘畢道看到兩個通道出口的鐵門，不過鐵門只能在秘道

內打開。[1]

至於滙豐總行的秘道功能一事，鮮有公開說法，但在 2017 年 2 月 22 日官方 Facebook 卻自行開帖。該帖如下：

【滙豐總行地底有隧道？】

有無聽過中環滙豐總行地底有條極之神秘嘅隧道？其實滙豐地底的確有一條隧道，夏季每秒引入 1 千公升海水，一日便引入足以注滿 34 個奧運會標準泳池，用來幫助大廈冷氣系統降溫。

當然，滙豐此帖說法一出，仍然無阻普羅大眾對於運送金條出洋的想像（笑）。

無論秘道功能如何，總會有着不同的說法。有些謎團，還需要到檔案處找資料引證才能解開。但在香港找資料着實不易，甚至有些本來存在的資料會無端消失，論證費時費力。不過，日常大眾所見的香港「秘道」，其實大多是防空洞。

1 　香港電台製作：《香港檔案．Ｘ》，電視節目，2009 年 3 月 8 日下午 12 時 50 分於無線翡翠台首播，另網上影視片段相關連結已被下架；〈禮賓府確有秘道通往下亞厘畢道〉，《明報》，港聞版，2009 年 3 月 7 日。

從秘道說到防空洞

　　話說香港政府為對應日軍來襲的可能，於是在 1930 年代末至 1940 年代初，建設防空洞。當年不少中英文報章報道，都有刊登關於籌建防空洞的情況。

$1,500,000 AIR RAID SHELTER SCHEME
K.R.A. Committee's Proposals For Kowloon

Submitted To Government

WHAT WILL DOUBTLESS materially contribute to the defence scheme of the Colony is the report on Air-raid Shelters in Kowloon adopted at the monthly meeting of the General Committee of the Kowloon Residents' Association on Wednesday evening.

The report is the result of much painstaking labour on the part of a Special Sub-Committee which was appointed last month, consisting of—Mr. J. N. Sweeney (Convener), Mr. D. W. Munton, Dr. S. G. Kirby-Gomes, F.R.C.S. Edin., and Mr. S. E. Faber, A.F.C., B.Sc. London, M. Inst. C.E. &c., who received the advice and assistance of Major C. M. Manners, O.B.E. (Chief Air Raid Warden for Kowloon, New Kowloon and New Territories); and Mr. C. E. Terry (Deputy Chief Air Raid Warden, Kowloon).

DISCRETION IN U.S. "EMBARGO"

(SPECIAL TO "CHINA MAIL")
THE "JAPAN TIMES" REPORTED IN TOKYO YESTERDAY THAT SO FAR THE UNITED STATES GOVERNMENT HAS NOT REJECTED ANY APPLICATIONS FOR LICENCES TO EXPORT PETROLEUM PRODUCTS AND SCRAP IRON TO JAPAN, ALTHOUGH A NUMBER OF LICENCES HAVE BEEN "RESERVED."

Thus, says the paper, the United States is exercising "reasonable discretion" in enforcing the recent oil and iron export licensing system.

On the other hand the U.S. Maritime Commission is seemingly reluctant to charter tankers and other vessels to Japanese firms, and it is feared in Tokyo that imports of oil and iron from the United States may gradually decrease owing to a lack of bottoms. Some measure to remedy this is being urged on the Japanese Government. — Havas.

WARRANTS FOR FRENCH EX-MINISTERS

(SPECIAL TO "CHINA MAIL")
The Prosecutor in the French Supreme Court in Riom yesterday issued warrants for the arrest of M. Guy Lo Chombre, and M. Pierre Cot, both former Air Ministers, now abroad.—Havas.

SHANGHAI CENSUS CANCELLED

(SPECIAL TO "CHINA MAIL")
The Shanghai Municipal Council yesterday announced the cancellation of the five-yearly census owing to the high cost involved. The census is usually held in this port.

HONG KONG WOMEN IN BOMBED STEAMER

It has just been learned, that the wives of two Hong Kong police officers were on a ship which was bombed and sunk by German aircraft while on the way from England to Australia.

They were Mrs. Smith, wife of Chief Inspector A. W. Smith, of the Police Training School, and Mrs. O'Connor, wife of Inspector T. O'Connor.

The two officers received a cable on August 30 stating that their wives had left England for Australia. Yesterday a further cable was received revealing that their ship had been bombed and that they were safely back in an English port.

'$1,500,000 AIR RAID SHELTER SCHEME, K.R.A. Committee's Proposals For Kowloon, Submitted To Government', *The China Mail*, 1940-09-06.

　　建造了防空洞，還需要適時進行防空演習。如 1940 年 11 月 17 日《天光報》〈白晝防空演習今晨舉行　現完成之防空洞可容二萬人　防空總監招待記者之談話〉。文中更指出不少防空洞位置：

　　本港防空總監史柏堅氏，昨日每週招待記者席上，發表談話稱：目前關於防空建設，所感受之最大困難者，則為尋覓適當地點開闢防空隧道。如在中區一帶尤難，截至十月底。本港各防空洞已發掘共四千尺，約可容納一萬五千至二萬人之間，工作加速完竣，實出吾人預算之外，而發掘工作效能，亦見大有進步，將來定必超過原定計劃。因中區覓適當地點困難，故目前建築中者，只有炮台道，及西環育才書社附近，及卑路乍炮台之防空洞，將準備擴大建築，為本港最大之防空洞。

　　記者再詢以九龍防空避彈室建築計劃如何？

　　史氏答稱：九龍建築中之防空洞，最大者，首推加士居道、石壁道、窩打老道，及永勝里等。每洞均可容四千人。此洞建築，兩個相連，共有三出口處，防空室則每個約容一千五百至二千人。當局已指定若干民房，及派出防空員加緊訓練居民，以期普遍。……

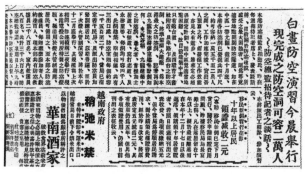

1940 年 11 月 17 日《天光報》刊載。

|防空洞擠一擠圖|

　　在建設防空洞的時候，不免發生意外。見 1941 年
10 月 16 日《工商日報》〈防空洞山坭傾瀉〉報道。

防空洞
山坭傾瀉
……四人受傷

英人購機捐獄
昨匯五千鎊

九龍商會函請
從速設立
介紹適當

1941 年 10 月 16 日《工商日報》刊載，指建防空洞時遭遇山泥傾瀉，有
四人受傷，其中兩人微傷，兩人重傷，有性命危險。

當年，香港華洋社會面對日軍來襲在即，加緊大量建設防空洞及安排防空訓練。如果以香港防空洞的數量作為衡量標準的話，香港政府在平民防衛工事上的表現應該不算差。過去有學者及網絡專頁就相關課題進行研究，筆者稍作整理茲列如下：[2]

編號	防空隧道	推算位置
-	香港公園	香港公園及舊三軍司令官邸以下
1	皇后大道中（NetworkNo.1）	中區政府合署以下
2	軍器廠街	軍器廠街／金鐘道
3	灣仔道	律敦治醫院／香港賽馬會花園以下
4	西營盤	西營盤賽馬會分科診所及樂善堂梁銶琚書院以下
5	卑路乍街北	卑路乍街／皇后大道西
6	南里	南里以南、遇安台及寶翠園以下
7	山道	山道公園附近

2　Wong Suk Har, *Disused Air Raid Precaution Tunnels: Uncovering the Underground History of World War II, Civil Defence Tunnels in Hong Kong* (Hong Kong: Dissertation in Degree of Master of Science in Conservation at HKU, Sep 2010). 另見〈建設及建築物 —— 戰時防空隧道〉，《香港地方》專頁，網址：https://www.hk-place.com/view.php?id=248，發佈日期：不明，瀏覽日期：2021 年 5 月 31 日。

（續上表）

編號	防空隧道	推算位置
8	上亞厘畢道	禮賓府附近
9	星街	星街／永豐街／萬茂里
10	皇后大道東	皇后大道東／堅尼地道／司徒拔道、華仁書院以下
11	禮頓山	禮頓道／黃泥涌道、禮頓山以下
13	雲咸街	雲咸街／都爹利街
14	卑路乍街南	卑路乍街近西環街坊會、利馬竇堂以下
15	醫院道	佐治五世紀念公園以下
16	砵甸乍街	砵甸乍街／威靈頓街
18	成和道	協和里及藍塘道間的斜坡
21	士美非路	科士街臨時遊樂場內
23	香港仔舊大街	漁暉道近漁暉苑
24	香港仔	華人永遠墳場以下
26	香港仔工業學院	鴨脷洲橋道／黃竹坑道交匯處
27	堅尼地道	堅尼地道
28	筲箕灣	東匯廣場附近
29	海晏街	海晏街／新成街
30	新成街	耀興道／新成街
34	普慶坊	普慶坊／上差館里

另外，再有九龍地區的防空洞，如下表列：[3]

編號	防空隧道	推算位置
K1	加士居道	加士居道／石壁道側山丘以下
K1A	彌敦道	京士柏山西面以下
K2	柯士甸道	九龍公園近柯士甸道以下
K2A	廣東道	九龍公園西面以下
K3	漆咸道	漆咸道／山谷道／平治道交界球場以下
K4	山谷道	漆咸道／山谷道／仁風街山丘以下
K5	馬頭圍道	馬頭圍道／蕪湖街
KU	亞皆老街	九龍醫院西翼以下
WA	窩打老道	嘉道理山以下

及至戰後，防空洞或戰時秘道不時被人發現。如1967 年 5 月 20 日《工商日報》〈電視廣播公司發射塔地基　發現戰時秘密隧道　犬隻與人未敢入內〉報道，當日估計秘道是日人留下，防備盟軍轟炸用的。

3　　同前註。

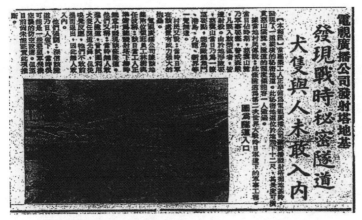

1967 年 5 月 20 日《工商日報》刊載。

　　話說回來，現存的防空洞大多被堵塞，甚至將部分出口拆卸或換成石牆。不知將來會否開放成為活化的戰時遺蹟呢？

地域類

新界北茶餐廳事件

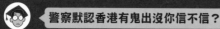警察默認香港有鬼出沒你信不信？

不信。

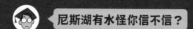尼斯湖有水怪你信不信？

不信。

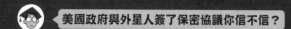美國政府與外星人簽了保密協議你信不信？

不信。

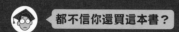都不信你還買這本書？

政府「默認」的靈異故事

　　以下一則，是網絡上流傳所謂政府「默認」的「真實靈異故事」。整理一下，故事版本大略如下：

在 1989 年 12 月間，於新界北大埔田，有一間名叫「潮湧記」茶餐廳。

電話響起，是外賣下單，電話筒的另一端，說要：「蛋飯加底、牛河……，四人份的外賣，送往喜秀花園別墅。」下單，飯餐完成，外賣仔（外送員）便出發送外賣。

送抵後，他隨即按一按門鈴，卻是無人應門。於是，外賣仔在大門外大呼「送外賣」，該户才慢慢打開了一道門隙付鈔，並着他將食物放在門外便可。而外賣仔點過錢鈔數目妥當，便回茶餐廳去了。

到了晚上，茶餐廳老闆點算收銀機及帳目，發現紙鈔夾雜着冥鈔。收錢時連港紙與冥鈔也分不清？不可能吧。當下，老闆認為是夥計的惡作劇，便叫來他們查問，然而夥計中也沒人知道發生甚麼事，亦只能不了了之。

第二天，茶餐廳關門後老闆再次點算收銀機及帳目，同樣發現有一疊冥鈔，便叫來夥計問個究竟，看看有沒有奇怪的地方。於是，說起日間時收到來自同一户的外賣電話，與昨天點同一樣的蛋飯牛河等，外賣食物放在門口，該户便開一道門隙付鈔，十分奇怪。老闆聽罷，覺得事情不太

對勁，着夥計收到該户電話的話，便由他親自送去。

第三天，茶餐廳再次收到該户的電話，把外賣送到。老闆敲門，客人從門隙付鈔 —— 至於是甚麼人、甚麼樣貌一概看不清。老闆點算一下紙鈔，確認都是港幣，於是放下食物在門外便離去。回到茶餐廳，老闆把錢分開存放。到了晚上盤點，別的錢沒問題，唯獨這疊分開存放的港幣變成了冥鈔。頓時，老闆心生寒顫，遂向警方報案。

警方接報後，隨即到該户查探，拍門不應，按鈴無聲，於是破門而入，竟發現有四人橫臥在地，證實死亡，且死亡時間有數天以上。警方封鎖該户，向該户鄰居進行調查；鄰居稱，連日來均聽到隔壁有人打麻雀，雖然沒有說話聲音，但夜闌人靜時，洗牌聲很清楚。

法醫解剖四具屍體，發現死亡時間超過一週。然而讓法醫感到不解的是，四具屍體的胃，都發現有消化程度不過一兩天的新鮮食物，牛河、蛋飯、叉燒等，這些食物與「潮湧記」所送的外賣吻合。而冥鈔上，則發現了除外賣仔和老闆的指紋外，還有其中兩名死者指紋。

當地村民也請來大師查看，發現該户門朝東北，氣衝鬼門關，陰氣極重。四人死時正是遇上衝煞之時，所以四人雖人死而魂魄尚在，以為自己尚在人間，如常生活，訂餐打牌。到警察破門而入，破了氣衝之場，才得脫困。而四人的死亡原因，則是天氣寒冷，他們在室內燒炭火取暖，一氧化碳太多，導致四人睡夢中死亡。

事件經由各大報紙報道，警方也沒有否認。於是成為全港第一單，亦是唯一一單沒有被政府隱瞞的靈異事件。

　　這則故事「炒起」，某程度上多謝臺灣媒體，如「死者叫外賣？港府默認『新界北茶餐廳靈異事件』」，[1] 有興趣的看官可在網上找找。鬼故事炒起了，自然有人破解，網上流傳「破解」之說，提出的質疑「部分」也尚算合理，在《HK01》亦有引述。[2]

先說一些合理的「破解」

一、查無此建築

　　大埔田位於北區的打鼓嶺，就歷史考究而言，此地舊稱「大莆田」，由蔡氏開村，於 1819 年嘉慶《新安縣志》已有記載。英人接管新界後，駱克的新界報告書亦有「大

1　〈死者叫外賣？港府默認「新界北茶餐廳靈異事件」〉，原文網址：ETtoday 大陸新聞｜ETtoday 新聞雲，發佈時間：2012 年 08 月 29 日 18:49，網址：https://www.ettoday.net/news/20120829/95417.htm，瀏覽日期：2021 年 5 月 19 日；另外，臺灣媒體短片〈鬼話連篇——驚！港府默認「死者叫外賣」茶餐廳靈異事件〉，發佈時間：2013 年 9 月 4 日，網址：https://www.youtube.com/watch?v=mgRgBo8QWjY，瀏覽日期：2021 年 5 月 19 日。

2　夏洛特：〈都市傳說｜拆解新界北茶餐廳鬼叫外賣　政府唯一承認靈異事件？〉，《香港 01》，發佈時間：2020-09-04 23:00，最後更新日期：2020-09-05 10:54，網址：https://www.hk01.com，瀏覽日期：2021 年 5 月 19 日。

莆田」的紀錄，屬本地村落。話說蔡氏篤信風水，聽信堪輿師之說，族人不宜一地久居，繼而把部分村地售予東莞彭氏；後來入遷的有來自惠州潢瀝黃氏，但也未能發展成大社區。今日也好，三十年前也好，大埔田交通不便，鮮有城市人居住，鄉民數量也不多，而未見有「喜秀花園別墅」一地，當然也找不到「潮湧記」茶餐廳的紀錄。

簡單點說，該區仍在規劃發展中⋯⋯

二、網上流傳的「默認」剪報為簡體字

說是「默認」，但標題寫「XIANGGANG 香港新界茶餐廳靈異事件」，報道引述自一本簡體字的雜誌，用上漢語拼音與簡體字，言之鑿鑿。香港消息由內地雜誌發佈，相信看官對剪報消息可信度心照不宣。再加上，「默認」也沒有指出來自哪個官方部門；至於出自哪一本雜誌刊物，筆者仍找不到。抱歉中⋯⋯

三、故事似源於內地討論區

故事源自內地天涯網，撰文者為「擺花街表哥」，當中於 2009 年 6 月 8 日發佈了《香港警察十年經歷》的第六章 ——《新界北之茶餐廳靈異事件》。[3] 撰文者為了加

3　擺花街表哥：《香港警察十年經歷》的第六章 ——《新界北之茶餐廳靈異事件》，2009 年 6 月 8 日 23:41。內地天涯社區論壇，網址 http://bbs.tianya.cn/post-16-631174-4.shtml，瀏覽日期：2021 年 5 月 19 日。

強可信度，聲稱曾為香港警察，並稱「經警察公共關係課批准，可以面向媒體和大眾公開」真實案例總匯。

試想一下，警方辦事小心謹慎，如對謠傳中有人「不小心錯入」無牌按摩店的來龍去脈也要極力封鎖，所謂「高度透明」、「公開」，容許警員離職後發文，譁眾取寵，這真的有可能嗎？而且，故事中亡者四人，只在日間叫一趟外賣，難道晚餐自行煮「出前一丁」？（笑）

假的真不了，真的假不了。從故事鋪排上，真的很假。

所謂破解，並非破解

要「破解」故事，原來與彌敦道鬧鬼的新聞有關。指涉的新聞來自 2007 年《工商日報》刊登名為「彌敦道鬼話連篇」的文章。「破解」者稱該報道指出：

> 油麻地 40 多年前大廈的 4 樓單位疑以鬧鬼。有鄰居看到單位內有白衣飄過，不時有打麻雀聲。附近餐廳指出夥計表示，該住戶每晚九時會致電叫外賣，收來的錢變冥鈔。其後，餐廳向警方求助，破門入屋後發現四具屍體。

這也是《HK01》引述的大概內容。[4]

但看清楚，首先《工商日報》、《工商晚報》已於 1984 年停刊。當然，可能是手民之誤，而真正的報道來自 1953 年 6 月 3 日的《工商日報》，不過內容出入甚大，有興趣的讀者請查看本書〈四人歸西〉條目。你沒看錯，是同一則報道。報道中事發地點非常清晰，而大廈原址已重建，其地舖正是油麻地的中華書局。（故此，今日去那裏找打麻雀的鬼，未必有；買麻雀，不知有沒有；但找看官這本書，應該有。）這篇報道極力剖析鬧鬼的來由原因，目標也清晰 —— 闢謠。如果花一些時間看原文，本來就不會產生任何誤會。

或許，人很懶，撰文者往往將真假訊息夾雜，使讀者信以為真。在故事鋪排上，由利用報道中總算有關係的「竹戰鬧鬼」，不斷發展：

報道中謠言	網上都市傳說
四個人打麻將將多出來了兩雙手	四個鬼叫外賣
警察抓走的人莫名其妙的消失	警方沒有任何結論
警方為維持秩序不讓無關的人員上樓	警方封鎖了整個大樓

網絡流傳的版本，強化元素發展成：

4　　同註 2。

- 「警方封鎖大樓」推演「出動了裝甲車」；
- 「工商日報闢謠文章」成為力證「曾經上過頭版頭條」；
- 「四個鬼叫外賣」威力加強為「四個鬼叫外賣並付冥鈔」。

　　再由「彌敦道」發展成新故事發生點「大埔田」，繼續「茶餐廳收冥鈔」、「四屍被法醫剖析查檢發現胃裏有外賣食物」，以及「警員無法解釋來龍去脈而不了了之」。

　　說回頭，又找來臺灣媒體於 2016 年 4 月 29 日的《關鍵時刻》短片，題為〈港府都默認靈異事件　茶餐廳鬼叫外賣門縫遞冥紙！？〉。[5] 回歸基本，畫面上用上這篇「報道」，又再視為有力依據⋯⋯。

　　都市傳說，就是疑幻似真才好看，但能否找另一篇報道呢？

　　最後，所謂破解或分析，或許只是再次炒起另一個傳說。

5　臺灣媒體《關鍵時刻》短片，〈港府都默認靈異事件　茶餐廳鬼叫外賣門縫遞冥紙 !?〉，發佈時間：2016 年 4 月 29 日，網址：https://www.youtube.com/watch?v=Co8ewbgHyBI，瀏覽日期：2021 年 5 月 19 日。

＃ 地域類

鎖羅盆

如果，一個地方人跡罕至……

嗯？

又曾傳出整村人失蹤……

啊？

更被指戰爭期間曾遭屠村……

別說了我好害怕！！

那裏的樓價一定很便宜，太羨慕了！

鎖羅盆的傳說

　　香港的廢棄村落、廢棄建築，往往成為市民熱棒的「冒險之地」，或者稱之為「鬼村」、「鬼屋」。「鬼地方」除了令一般人敬而遠之，亦會成為「好事者」一試膽量的地方。但這些「鬼地方」是否真的有鬼，真的有死人，真的有如傳說所說？到了真的「實測」，卻似甚麼都沒有。

　　雖說香港人多地少，但人跡罕至、渺無人煙的地方也不少，始終山多平地少，大部分香港人居住地都離不開鐵路沿線，方便就好。即使住在村落偏遠處，車路也少不了，只須駕車便好；又或住在離島濱海處，車路也到不了，仍有渡輪便好。總之車到船到，能解決交通問題就好。唯獨車輛不到，渡輪不到，除非開小艇或行山徑，穿山過林，才能到達的，堪稱「鬼地方」、「山旮旯（San ka La）」。

　　此文說到的鎖羅盆，正就是「山旮旯」的「鬼地方」。筆者對此地印象，停留在頹垣敗瓦；偶爾在慶春約打醮時候，想起此村榜上有名，才會提及。至於日常生活提到它，都是拿這地方的傳說故事，作為茶餘飯後的小話題。

　　說起傳說，坊間流傳的版本，基本與此地人跡罕至的「條件」建構起來，暫且略述如下。

版本一

在三年零八個月，有兩兄弟回村慶祝太平清醮，兄弟二人入村後發現，村內竟一片死寂，將要慶祝用的祭品、祭祀

的食物卻整備妥當。奇怪的是，村內竟無村民，又無打鬥痕跡，家禽家犬仍在樊籬之中。村民的離奇消失，流傳是瘟疫緣故，村民因之撤離……又有說日軍入村，屠殺村民。

版本一修訂版

有指是數十年前鎖羅盆村與鄰近的牛屎湖村的村民一同參加婚宴，乘船出海，回程時遇上意外，全村村民僅餘數人，村中此後無人定居。鎖羅盆村一夜消失。

版本二

進入鬼村鎖羅盆並不容易。是因此村鎖羅盆的命名，就是源自「羅盤」到該地會被鎖失靈。另外，從山路前往，也因人跡罕至，每至春夏，雨水多，陽光猛，草木繁茂，山路便會被遮蔽。所以，僅有北區執勤且熟知地形的警察才懂得如何入村。

版本三

坊間流傳，為遠足愛好者口述，數年前確有行山人士死於此村。話說當日有一隊行山隊走近鎖羅盆時，其中一員於途中停下小解，並着其他隊員先行，他則容後趕上。然而，行山隊走了一小段路後，仍未見他追上，便回頭折返，尋覓不果。於是報警求助，幾天後警方於鎖羅盆村找

回失蹤者屍體。據稱死者雙膝跪地倒下，睜開雙目，屍身發臭，估算失蹤當日死亡。然而，當日同一地點，卻不見失蹤者蹤跡。及後，法醫報告則指失蹤者死於急性心肌梗塞，至於因何引發，則是一片謎團。

即使鎖羅盆很多鬼故事或奇怪傳聞，但回到真實，又是另一個「版本」故事。

考古台

鎖羅盆的歷史與破解傳說

今日渺無人煙的鎖羅盆村，在清代時是新安縣境內的客籍村莊，規模不大，為荔枝窩村客籍黃氏的分支村落。據蕭國健教授的的著述，黃氏原籍河南開封，後逐步遷移至福建，再往惠州；到了清初遷至荔枝窩，分支至鎖羅盆、白沙灣新村（清代中葉）。[1] 另外，荔枝窩的黃建常及黃建文兄弟於 1900 年代初興建的松柏塱客家圍（雜姓客家圍，黃、陳、劉、鄺、簡五大氏族），直至 1920 年代完工。相較之下，鎖羅盆村發展未見突出。

1　　蕭國健：《香港古代史》（修訂版）（香港：中華書局，2006），頁 16。

翻查舊報紙，1959 年 2 月 17 日《工商日報》，便有關於一則〈沙頭角啟明新校　昨日舉行啟鑰禮　大埔理民官華璐同致詞稱　鎖羅盤村雖邊遠當局亦甚關懷〉，報道摘錄如下：

> 大埔理民官華璐同，昨日下午主持沙頭角鎖羅盆村啟明學校之啟鑰禮。鎖羅盤村之居民，均屬客籍，該村原有校舍係租用者，今後將移往新校上課。新校舍僅有課室一間，共建費用共一萬六千三百七十六元，其中二千元係由村民捐募者。該校之經常費，將由政府負擔。

1959 年 2 月 17 日《工商日報》刊載。

　　……雖為一邊遠之村落，惟其居民並未遭遺忘，新界民政署對邊遠村落最為關切，而此類村落，大埔區所在多是。

　　……公共工程方面，支持各村落自助計劃所助用之款資幾達二十萬元，其中包括嘉道里農業輔助會之八萬元在內。由於各資計劃之施行，大埔區之新道路、橋樑及水利工程，已矚目皆是。……

　　可以看到「啟明新校」、「居民並未遭遺忘」、「關切」，總體也說明有人住，有小朋友要上課，「嘉道里農業輔助會」有支持「自助計劃」。怎看也不是「廢村」或「無村民」。同年，10 月 19 日《華僑日報》再有一則新聞相呼應，標題為〈新界鴨洲居民生活改善　每一漁民均獲得

1959 年 10 月 19 日《華僑日報》刊載。

接受教育機會。消費合作社辦理已年餘，正自建社址。自建火油渣薑船輸運火油及油渣供應漁民。食水將由鎖羅盆村設水管輸至。〉其中內文提及「……至於解決食水，將由鎖羅盆村之山腰建一小型水塘，除駁喉供應鎖羅盆村外，復安裝海底水管引至該島，以供島民應用。……」

故此，傳說版本一指日佔時期，打醮時全村已沒有人，但看到這兩則新聞，政府似有振興農村的情況，所以傳說實誤。

另外，錯誤之處是打醮傳統的年份，據鄉民稱傳統自清代開始（按理即荔枝窩建村，再構成慶春約之後），每十年一屆打醮（這裏指十年一屆，即九年），以最近一次屆數向前推，就會找到問題：最近一屆是 2019 年，再上屆 2010 年，如此類推：2001、1992、1983（見圖乙）、1974（見圖甲）、1965、1956、1947、1938、1929、1920、1911、1902 年……。

看一看，慶春約打醮沒遇上於 1941 至 1945 年日軍侵佔香港的「三年零八個月」。看官可能會問，打醮沒有，但日軍屠村可以有。其實說難聽點，偏遠地方，日軍要盡殺村民、滅村，也要有事件觸發點，難道是＿＿＿＿游擊隊出沒？

不是說笑，在最近的時間，鄰近的鹿頸發現戰時碉槍堡，有說是日軍防備盟軍登岸，也有稱是當年防備本地「抗日武裝力量」而修建。但是，如果屬後者說法，日軍何不去滅村、清村來得簡單方便？最重要的是，沒有歷史

圖甲：〈沙頭角慶春約舉行太平清醮　公演粵劇助慶熱鬧〉,《華僑日報》,
1974 年 11 月 25 日。

元偽美鈔案
告囚四至六年
名被告昨當庭釋放

人，陳雲庭，卅三歲，出版商。三人分別被控三項罪及㈢早控首被告於五月九日，分別在九龍歲有一萬六千四百九

㈠於四月至五月間，串謀偽造面額一百元美鈔。㈡控三名被告十八張面額一百元偽美鈔。

慶春約七村正醮
參加者昨逾千人

【本報訊】新界沙頭角慶春約七村十年一屆的太平清醮，於昨（十七）日舉行正醮。應邀出席來賓款待。

以及回港度假的旅外僑胞，七村鄉紳父老和鄉親等逾千人，禮成後，並設置筵

王季麟畫展
今開始舉行

【本報訊】本港新進畫家王季麟今天開始在香港藝術中心包兆龍畫廊舉行畫展，至二十三日止，為期六天。

王季麟擅長素描、水彩，今次展出近作二十餘幀，俱為近

慶春約七村太平清醮於十五日起一連三日四夜，在荔枝窩村協天宮、鶴山寺門前廣場舉行。

慶春約七村包括荔枝窩村、鎖羅盤村、三椏村、哈塘村、牛池湖村、小滩村、梅子林村。

圖乙：〈慶春約七村正醮參加者昨逾千人〉,《大公報》,1983 年 11 月
18 日。

紀錄，暫時純屬推測。

　　至於版本二之說，後來有報章記者已查證並無此事，實屬無稽。[2] 版本三，暫未找到相關新聞指有行山人士於鎖羅盆突然心臟病死亡。

版本一修訂版的真實海難——牛屎糊

　　真亦假時假亦真，版本一修訂版所說的海難，確實真有其事，但是真正的村落是鎖羅盆鄰近的牛屎湖村。翻開 1965 年 3 月 7 日《華僑日報》，有〈來往邊區沙頭角與牛屎湖之間　鄉渡沉沒慘劇八人獲救回四人失踪凶多吉少〉的一宗報道。

1965 年 3 月 7 日《華僑日報》刊載。

　　鄉渡沉沒慘劇，乘客十二人，八人獲救，四人失蹤。

2　〈鎖羅盆｜深入全港最猛鬼村落　63 歲愚公每隻身開船回鄉「復村」：退休後搬返廢村居住〉，〈果籽〉，發佈時間：2020 年 10 月 30 日。

　　鄉渡沉沒慘劇，乘客十二人，八人獲救，四人失蹤。鄉渡駛至榕樹坳口遇險。如果看報紙仔細一點，報道中與鎖羅盆有關的是，坐另一艘鄉渡（由鎖羅盆開往沙頭角），經榕樹坳口時，目睹拯救工作。值得一提，報道描述這位目睹事故的曾富，「為沙頭角鎖羅盆人，在英國經營酒樓、雜貨及出入口業務，為英國僑領之一，在上月甫返港，預定短期內再赴英國」，又有描述牛屎湖村民「多屬旅英華僑眷屬」之語，反映當年沙頭角鄉民（包括慶春約七村）也有不少移居海外，而移居海外實乃鄉民離鄉別井改善生活的常見途徑之一。其後，於 1965 年 3 月 23 日，《工商晚報》有後續相關報道，題為〈驚傳冤鬼作怪有家難安　新界牛屎湖島村　全村人棄家逃亡　島上一片荒涼已不見人踪〉。

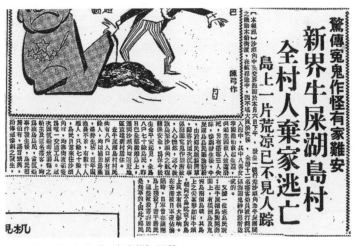

1965 年 3 月 23 日《工商晚報》刊載。

可見海難及遷村當時頗為轟動，但實質與鎖羅盆村民僅有張冠李戴的關係；再者，說成婚宴回航海難，集體搬村，則是在真實事件的基礎上修改成鎖羅盆村版本。[3] 修改移植之處不只「海難」，甚至連「日軍侵佔」也是。報道引述老島民的說法指：

在牛屎湖對開海面上的墳洲島及鬼洲島兩個島嶼，其島上之尖峰形如犀牛頭，朝向本島眈視，對島上風水有很大影響。在香港被日軍侵佔淪陷時，日軍曾在該兩島上殘殺了若干居民，這些被殺害的居民是無辜的，因此，鄉民對這些殺害者念念不忘，在近數年來，牛屎湖島附近海面上常有船隻被翻沉，造成命案慘劇先後發生多宗，對沉船原因，鄉民都惶然莫解，唯有歸咎冤鬼作祟……

說到這裏，好像找到真相（傳說的由來）。但卻不得不深思，如果如老島民所言，冤鬼尋仇何不找日軍？為何要找當地鄉民？這應當是另一篇小課題。

3　另見雲海：〈雲上旅程：沉船舊事〉，《太陽報》，發佈日期：2012 年 10 月 04 日，網址：http://the-sun.on.cc/cnt/lifestyle/20121004/00636_001.html，瀏覽日期：2021 年 5 月 21 日。

都市傳說筆記本

第四章

其他類

其他類

丁蟹效應

不要怕
是技術性調整
不要怕

 「丁蟹效應」是「自證應驗預言」嗎？

是的。

 那「李氏力場」也是「自證應驗預言」嗎？

這個，一週 168 小時，香港每週工時中位數約 44 小時。機率低一點也合理……吧？

甚麼是「丁蟹效應」？

　　下筆之時，香港尚稱為國際金融中心，然而未來能否重回「紐倫港」（紐約、倫敦、香港）格局，似乎⋯⋯。讀者可能會問：這本書明明講都市傳說，為何會與金融市場扣上？你沒看錯，這一篇正是要探討都市傳說中的「丁蟹效應」如何影響金融市場。雖然筆者是證監會持牌代表，但緊記這並不代表投資意見。

　　丁蟹效應，又稱之為「秋官效應」。回想筆者小時候的 1992 年，大台男演員鄭少秋在《大時代》扮演丁蟹，角色設定上非常「黐線（瘋狂）」不在話下，而且都有些「運氣」，劇中他以做空恆生指數期貨獲利。然而事有湊巧，當年 11 至 12 月劇集播出期間，恆指如戲，曾一度下跌達 20%。此後，鄭少秋（人稱「秋官」）在熒幕上登場，便會作為股市下挫的預警。

　　預警、效應之說，可謂名聞遐邇，故此英語世界會稱之為 Ting Hai Effect 或 Adam Cheng Effect（Adam Cheng 為鄭少秋英文名）。為甚麼連英語也說起來，是因為 2004 年 3 月 30 日里昂證券（CLSA，今中稱「中信里昂」）為此發表一份 Hong Kong Market Outlook，就是以「Adam Cheng Effect」為題，撰寫 outlook 的 Gabriel Chan 及 Kenny Lau 探討「丁蟹效應」在香港金融市場的影響。當然，金融市場的券商目標非常明確，如果丁蟹效應能製造波幅，有危自有機，這絕對是「機

會」，因為跌後回升，就是賺嘛。

這份 outlook 指出，於 1992 年至 2003 年鄭少秋的劇集播出時，股市通常都下跌，而跌幅介乎 0.1% 至 25% 之間。不過，「丁蟹」（秋官）出沒，自 1992 年到今日下筆的 2021 年，長達 29 年間，股市戰績又是如何呢？

丁蟹戰績、網絡世界與現實

下表為 1992-2021 年丁蟹效應（只計算在香港播放劇集與恆生指數之關係）：

劇集名稱	首播	首播恆指	其間收市低位日	其間收市低位	劇終	劇終恆指	比對(%)
大時代	02/11/1992	6,231	03/12/1992	4,978	25/12/1992	5,442	-12.7
笑看風雲	31/10/1994	9,646	12/12/1994	7,708	23/12/1994	8,312	-13.8
香帥傳奇	**01/05/1995**	**8,226**	**02/05/1995**	**8,212**	**30/06/1995**	**9,207**	**11.9**
男人四十一頭家	05/06/1995	9,570	12/06/1995	9,103	30/06/1995	9,207	-3.8
天地男兒	05/02/1996	11,484	13/03/1996	10,249	03/03/1996	10,734	-6.5
江湖奇俠傳	01/12/1997	10,751	12/01/1998	8,121	20/02/1998	10,600	-1.4
神劍萬里追	05/07/1999	14,507	11/08/1999	12,438	20/08/1999	13,567	-6.5

（續上表）

劇集名稱	首播	首播恆指	其間收市低位日	其間收市低位	劇終	劇終恆指	比對(%)
世紀之戰	11/09/2000	17,008	19/10/2000	14,423	03/11/2000	15,594	-8.3
非常外父	06/10/2003	11,734	08/10/2003	11,721	31/10/2003	12,190	3.9
血薦軒轅	08/03/2004	1,3574	22/04/2004	12,168	25/04/2004	12,384	-8.0
楚漢驕雄	25/10/2004	12,818	25/10/2004	12,818	04/12/2004	14,212	9.19
御用閒人	14/03/2005	13,907	29/03/2005	13,412	08/04/2005	13,667	-1.61
潮爆大狀	03/04/2006	16,064	03/04/2006	16,064	28/04/2006	16,661	5.42
榮歸	18/07/2007	22,842	10/08/2007	21,793	10/08/2007	21,793	-5.48
桌球大王	30/03/2009	13,456	30/03/2009	13,456	24/04/2009	15,259	8.07
書劍恩仇錄	25/10/2010	23,628	26/11/2010	22,877	09/12/2010	23,172	-1.47
心戰	21/05/2012	18,922	04/06/2012	18,186	29/06/2012	19,441	2.58
詭探前傳	29/04/2019	29,893	04/06/2019	26,762	07/06/2019	26,965	-8.92

（1992-2004 數據參看 CLSA Asia-Pacific Hong Kong Market Outlook）

　　細看之下，會發現「丁蟹」的出現，確是跌多升少。以上十八齣劇集，由首播至劇終結算，有六齣錄得升幅，比率為 33.3%，如下：

1. 1995 年《香帥傳奇》升 11.9%（第一大升幅）
2. 2003 年《非常外父》升 3.9%
3. 2004 年《楚漢驕雄》升 9.19%（第二大升幅）
4. 2006 年《潮爆大狀》升 5.42%
5. 2009 年《桌球大王》升 8.07%（第三大升幅）
6. 2012 年《心戰》升 2.58%

　　如果看官懶懶的撥動一下手提電話，查看網上的《維基百科》，也會找到「丁蟹效應」條目。不過，筆者認為「萬能」維基的各項數據有欠公允，甚至有「生安白造」的感覺（瀏覽日期：2021 年 5 月 17 日）。

　　如 1995 年《香帥傳奇》及《男人四十一頭家》稱：「兩劇同時播出後的短短五天內跌幅曾多達 505 點（5.3%）。」然而《香帥傳奇》首播時入市，到劇終結算，明明是升了。遲入市跌幅也不過是 3.8%。這效應會否弱了些？

　　2003 年《非常外父》稱：「節目播放期間曾經在兩個交易日內下跌 681 點（5.6%）。」哼哼，明白，10 月 8 日收市低位出現。但偏要摸底甚有難度……

　　2004 年《楚漢驕雄》稱：「首播日最多曾下跌 272 點（2.1%）。」明白，都是那句，你能摸底就是強者，效應迎來第二大升幅。

　　2006 年《潮爆大狀》指：「節目播放完畢前未能衝破 17,000 點，並回落至 16,500 點水平。節目播放完畢的四個交易日後，恆指在一個多月內急挫，最大跌幅達 2,097 點（12.1%）。」劇終之後，才帶來股市跌幅，這是

效應嗎？又關丁蟹事？

2009 年《桌球大狀》描述：「3 月 30 日首播當日恆指開市即失守 14,000 點關口，下午跌幅曾擴大至 706 點，收市仍跌 663 點。總結該劇播放期間，恆指反覆上升 1,802 點（13.1%）。不過，4 月 7 日節目中，鄭少秋警告『投資涉及風險，你小心，別亂來』，4 月 8 日的股市即應聲下挫，跌逾 440 點。」明明是好事，怎麼說成壞事？不解。迎來效應下第三大升幅。

最誇張，莫過於 2012 年的《心戰》，當中描述頗為詳細：

> 預告片於 5 月初熱播。其後於 5 月 7 日開市後，恰巧遇上法國總統選舉和希臘國會選舉令全球的股市波動，雙重影響下，恆指急瀉 549 點，收市 20,536 點，跌幅是 2.61%。其後翌日持續下跌，一度失守 250 天牛熊線，恆指其後連跌 8 天，總計 8 天下跌 1,574 點。其後港股只有輕微反彈，其後繼續下跌。而 5 月 21 日首播當日恆指仍未止跌，直到 2012 年 6 月 2 日收市跌 71 點報 18,558 點，而且至 50 天線跌穿 250 天線，出現熊市信號，唯最後熊市沒有出現。
>
> 由 5 月 2 日播出預告片至 2.6.2012，全球股票急跌：
>
> ·香港：21,309 下跌到 18,558（-2,751，約 15%）

· 日本：9,380 下跌到 8,440（-940，約 10%）

· 美國：13,268 下跌到 12,118（-1,150，約 9%）

· 英國：5,758 下跌到 5,260（-498，約 9%）

· 德國：6,710 下跌到 6,050（-660，約 9%）

· 法國：3,226 下跌到 2,950（-276，約 9%）

最戲劇性的是，預告片中秋官聲嘶力竭的說了一句「震撼穹蒼」，似乎隱藏着「震倉」。

「震倉」言之鑿鑿，將時間推前到 5 月初，由預告片出現開始作計算，甚至把觸發全球股市急跌也說成「丁蟹效應」？無言。

說是「生安白造」其實不無道理。首先，是效應計算上沒有標準，假設看官相信「丁蟹效應」，至少也要假定一套入市標準，舉例以首播日及劇終日計算準則。其次，將非劇集，如綜藝、上新聞等，總之將秋官登上熒幕的畫面都計算在內，然後捕風捉影，放大丁蟹效應的威力。

如果由 1992 年《大時代》一劇計起，這十年內的「丁蟹效應」，按數據看，確實「非同小可」，八劇之中，七劇跌，一劇升，效應應驗率達 87.5%。故此成為投資券商有趣的研究題材。但經過首十年之後，應驗率似乎開始「失靈」。2000 年之後，自 2003 年與及後的十齣劇集，出現五升五跌，只有 50% 應驗率。說白點，和判十二碼一樣，「一係入，一係唔入。（要麼進球要麼不進球）」

留意秋官的朋友或許會問，為何不列《將夜》與《將夜 2》作劇集探討。因為……這兩齣是網劇，不在香港電視頻道播放。（苦笑）

自我應驗預言與效應失靈

如果看官相信「丁蟹效應」，恭喜你進入「自證應驗預言」（Self-fulfilling prophecy；又稱「自我預言」或「自我實現預言」）的世界。意思是指本來不會發生的事，但有人說一定會發生，更不斷做傻事迫使事情發生，結果事情真的發生。

從這個角度看，「丁蟹效應」與香港股票市場的最大關聯，是刺激人性中規避風險的本能。當有大量傳媒不斷宣傳，民眾耳濡目染，相信會有股災出現，於是便應驗了。又好像市場所說的「五窮六絕七翻身（May is poor, June is bleak, and July will turn around）」，同樣是香港股市自 1980 年代的都市傳奇。這結論，是參考歷年股市升跌數據比對，從而尋求出來市場規律。箇中理由，是因為香港大多數公司在三月公佈年結業績，其後「除息除權」，到五月大多已完成，故此股價下跌（收息後的投資者，也會沽貨）。六月大跌。到了中期業績公佈，七月

投資涉及風險
價格可升可跌

|精明投資者圖|

起死回生。美國股市同樣有 sell in May and go away 說法。不過，這些看似有一定性的規律，至今同樣失準：因為市場投資者的理性，所以「失靈」了。

不過，失靈了的也有「丁蟹效應」，為甚麼？如果年輕的看官不知道誰是鄭少秋，就沒有「自我應驗預言」的情況，即是說投資之前，他已經無視了這個「風險」。投資者回歸理性，尋求具價值者而進行市場買賣。

筆者下筆於此，正追趕稿期，相信會順利完稿，也來個「自我應驗預言」。（很累，淚）

#其他類

四人歸西

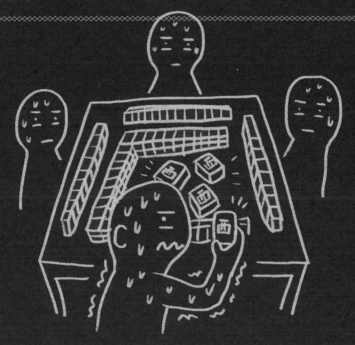

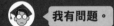我有問題。

問。

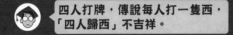四人打牌，傳說每人打一隻西，「四人歸西」不吉祥。

對。

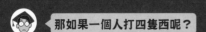那如果一個人打四隻西呢？

那……可能代表那個人不太懂打麻雀？

從影視作品說起

打麻雀（麻將）的人，也會有些禁忌，設使連續三人打出「西」牌，下一人便不要打「西」牌，若然再配上「一筒」，便四人「一同歸西」。至於禁忌來自甚麼年代，筆者已無法考究。但是，「四人歸西」卻不時成為影視作品中的靈異題材。

1980 年代《夜驚魂》，有着「四大歸西」的單元，雖然只是一齣大約十五分鐘的短劇，但故事結構及留白，可謂當年驚悚電影的經典。（另一個有趣的地方，是大家都有錯覺，以為「四大歸西」是出自 1976 年電視劇《幻海奇情》，有說是兩輯節目部分單元，曾一起推出過 VCD 產生美麗誤會。）

故事講述成嫂（白茵飾），相約三名牌友開枱打麻雀。成嫂一家贏三家，準備打最後一局，前三家連續打「西」，叫糊在即的成嫂摸出「西」牌，準備打出時，三家馬上勸阻，免犯禁忌。豈料成嫂叫糊大過天，「不信邪」打出「西」牌，四隻「西」牌齊齊整整，全數打出，更巧是下家又打出「一筒」，成嫂也完美地叫糊。不久，電視畫面中有一宗車禍報道，「車上三名婦人身受重傷」，最後不治身亡。「一筒歸西」，是否事有湊巧？參加完葬禮的成嫂，愈發覺得不對勁，傷心、惶恐，相互交織。成嫂回家後睡了午覺，夢中遇上死去的三名牌友，一片昏黃的畫面中，四人圍成一桌打麻雀。摸牌、打出，桌上三張「西」

牌便成三名牌友的容顏，齊聲說：「今晚十二點來接你。」成嫂再摸出「西」牌，牌中漸成了自己的容顏。

　　噩夢中驚醒的成嫂，怕自己隨着她們死去，丈夫阿成（劉丹飾）從旁安撫。此時，牌友八嫂來電約成嫂打麻雀。本來心事重重的成嫂不想應邀，但阿成勸她出門散心，免得待在家中，胡思亂想。於是，她們約在晚上十二點以後打夜牌，心想熬過十二點便平安無事。

　　燒紙錢，拜菩薩，再加上丈夫的陪伴，成嫂等待時間流逝。突然間，狂風起，鐘鳥鳴，燈亮燈暗，夫婦嚇得緊抱一團，門外更傳來敲門聲。當夜燈復明，阿成打開門，原來是相約好的牌友八嫂。似是虛驚一場，夫婦釋懷，於是成嫂便隨八嫂離開。

　　劇終……了嗎？

　　過了一會兒，竟又有另一個八嫂找上門來，說是約了成嫂。糊塗的阿成便問現在時間，八嫂說：「還差一點到十二點。」隨後，收音機傳來報時訊息。頓時，阿成目光呆滯。

　　故事，才真正結束。留白，讓觀眾留下無盡的想像空間。

　　四人歸西的故事，到 2000 年後再取材改編。較為年輕的看官，看的可能是鄧健泓、唐詩詠、傅楚惠、范振鋒出演的《奇幻潮》「四人再歸西」版本。配得上「再」字，當然是向前作致敬之作。故事配合時代要素，上網打牌，但結局當然仍是「四人再歸西」。

禁忌或許是由來已久，但是四人歸西至今，坊間亦有不少破解之說，指涉 1953 年的新聞，所謂的「真有其事」，這才是有趣的地方。

破解「四人歸西」與昔日的報道

關於打牌鬧鬼的報道，首先來自《華僑日報》於 1953 年 3 月 5 日的報道，標題為〈打牌鬧鬼四人打出六人〉。報道如下：

> 昨（四）晚於彌敦道一屋中鬧鬼，約十一時左右，彌敦道油麻地書院對面，有數百人圍觀，情況十分緊張。警方見狀，即急報警署派出衝鋒車將途人驅散，入內查究。據屋中人稱：是時有四人正在該屋二樓打麻雀，忽然發見另有兩人在旁觀戰，賭友皆大驚失色，跑下樓呼救，故引動途人圍觀，現經警員將渠等帶返警署訊問。

1953 年 3 月 5 日《華僑日報》刊載。

　　這則標題一出，「鬧鬼」之說似乎繼續發酵，惹來群眾聚集，也見報章的宣傳效果。故此，翌日 3 月 6 日的《大公報》有報道標題為〈鬼話與睇鬼　無中生有報紙替鬼宣傳　群眾受愚在街頭睇鬼〉，指斥當年民眾的無知。該則如下：

　　　　二十世紀的五十年代居然還有人以為有「鬼」，居然還有報紙像煞有其事地宣傳「鬼」的存在。

　　　　誤信為有「鬼」的人，已經在前晚為警察驅散了，但是至少有兩張報紙，在昨天上午和下午先後的在替「鬼」宣傳。

　　　　那些莫名其妙地聽見說有「鬼」可睇的人，自前天晚上十一時許起到昨天凌晨二時左右止，聚集在彌敦道公眾四坊街口，向着對面一層樓上看，可是結果當然甚麼都睇不到。人聚得最多的時候三、四百人，後來警察因為他們站着有礙交通，才將那些人驅散。

　　　　昨天的「華僑日報」因此竟刊出了一則「特訊」說：「昨（四）晚彌敦道一屋中鬧鬼……是時有四人正在該屋三樓打麻雀，忽然發見兩人在旁觀戰，賭友皆大驚失色，跑下樓呼救，故引動途人圍觀。」

　　　　昨天下午出版的「中聲晚報」說得更妙了。它的「專訊」說：「昨晚公眾四方街某號三樓，有四個男子搓麻雀時，忽然鬧出鬼話連篇……據說：他

1953 年 3 月 6 日《大公報》刊載。

們幾個人正搓得入神,忽然發現竟有十二隻手在洗牌,多出的四隻手是有很多毛的。」

　　究竟鬼在那裏呢?連那些睇鬼的人都沒有一個說是親眼看到的,只說聽人說那裏有「鬼」,有些人則說聽話連報紙都話呢處有鬼。就這樣的昨天下午那個地方聚集了幾百人在莫名其妙地在看,到了六時許,他們才被警察驅散。

　　當中,更點名批評同業的《華僑日報》及《中聲晚報》的報道謠言,使得群眾受愚。同日,《工商日報》也有標題為〈麻雀桌上突多了四隻手　彌敦道鬼話連篇　好事者

數千人麕集看鬼屋，驚動警察出維秩序。據說是有人因爭奪一層樓宇而散播上項謠言。〉這篇報道的要旨，解說鬼屋之說的無稽，並且記錄了當時不同版本的「鬼故事」。報道如下：（標楷體為原本，細明體為筆者按）

　　彌敦道四五二號樓下，昨日圍滿了人群，人人爭看「鬼屋」。街上看熱鬧的數以千計，人群中連篇鬼話。警署派出警車維持秩序，因恐歹徒乘機搏亂，非本樓住客都傳說「鬼屋」發現，居民晚間閒暇，麕集公眾四方街的越來越多，警察維持秩序感到困難。于晚間十時半，由警車開放播音筒，勸告居民應即離開回家睡覺，否則作妨礙交通罪加以拘捕，可是部份居民離開，仍有無數居民徘徊附近以看究竟。（交代事發背景）

　　人叢裏傳出了極傳奇無稽的的鬼話。各人都在談論發現鬼的經過：彌敦道四五二號二樓的業主姓葉的，是個越南華僑，原住四五二號四樓，最近二樓住客全都遷出，葉氏派他的女兒看管樓宇，晚間與朋友舉行竹戰，藉消長夜無聊。據傳說是前晚竹戰方酣，其中有一鋪牌戰至最緊張的階段，將近「旺牌」，其中一家突然開槓，槓上花五筒滿和，忽然橫邊伸出了一雙手向各家收錢，四個竹戰客都感到驚異，正在驚訝時，橫邊又多了一隻手去摸牌，四人見突然多了四隻手，心情緊張變了面部緊張，

面面相覷了一番，漸漸毛骨聳戴，一齊拔足狂奔下樓向警署報案。（四人變六人竹戰版本）

以上的傳說已屬一宗離奇的故事，人叢裡更有人說下文，更覺無稽。據說：大隊警察開來之後，認為大驚小怪，無中生有的事，當時拘了幾人回警署。不料在警署中幾個被拘的人竟不知去向，僅剩回幾對手鐐，連警署的人也認為奇怪。有些說得動聽的，繪形繪聲，聽到看熱鬧的人亦不寒而慄。（被捕者在警署消失版本）

這些「姑妄聽之」的謠傳竟然無數人穿鑿附會，手指腳劃，指天劃地說有幢幢鬼影，有些竟說到該樓的掌故，一個謠言，鬧得滿城風雨。但記者所看到的是滿坑滿谷的人，而縣人也祇是說說聽聽，甚麼鬼神，他們是一無所見，憑常識判斷，樓中所發生的事算不得甚麼嚴重，用不著手鐐，這個傳說不可靠，前一個傳說當然也不可靠了。（記者分析各版本不可靠）

另一傳說：此樓昔日的住客是被迫而遷出的，遷出的住客是否在憤怒中製造出這件駭人聞聽的故事來。又一種說法是最近有人競爭頂受這一樓宇，爭奪劇烈，幾家因落空，其中一家便製造這些謠言，使人不敢頂受，說來後者較可靠了。（記者探討謠言背後的原因）

鬼話在香港似乎尚沒有全部被消滅之可能，由

于香港的鬼話故事太多，雖然沒有證據，可是老一輩的人都能述及戰前無數鬼的故事。記起多年前，大道中何東行，亦曾發生過這一類事情，當時一連幾個晚上都站滿居民看鬼影，後來經過研究，證明是對面茶樓飲夜茶的茶客燈影，致引起

1953 年 3 月 6 日《工商日報》刊載。

了一篇有傳奇性的鬼故事。昨晚彌敦道的鬼故事，可能和年前何東行鬼故事大同小異。（記者指出當年類同的鬼故事謠言）

雖然篇幅甚長，但當年報道成為極有用的資料，其頗為詳細記錄了鬧鬼之說的不同版本，同時剖析當中不合理、不可靠的地方。並且，嘗試推敲較為可取的說法，應是「樓宇買賣」構成的不同「鬼故事」。

及後，5 月 9 日《工商晚報》再有報道：

〈鬼話何來？彌敦道某宅住客否認又麻雀見鬼〉

日昨九龍彌敦道近公眾四方街一樓宇，發生鬼話，致引起好事之徒，以訛傳訛，麕集附近，途為之塞。

該戶住客，頃鄭重否認四日晚該樓內曾有竹戰之戲，亦不知謠言何所自來。據謂當閒人麕集該樓附近，有等且欲入屋探視時。該樓住客乃通知警察，派員到場維持秩序，而非有人見鬼，狂奔下樓報警。

查此一無稽事件，六日達最高潮，當時警方以播音器向好事之徒警告，若不立即離開返家，當以阻街罪加以拘捕。

當日人叢傳出之無稽的鬼話，係彌敦道某號二樓住客，晚間與朋友竹戰，藉消長夜，當竹戰方酣，其中有一鋪牌戰至最緊張的階段，將近「旺

1953 年 5 月 9 日《工商晚報》刊載。

牌」，其中一家突然開槓，槓上花五筒滿和，忽然橫邊伸出了一雙手向各家收錢，四個竹戰客都感到驚異，正在驚訝時，橫邊又多了一雙手去摸牌，四人見突然多了四隻手，心情緊張變了面部緊張，面面相覷了一番，漸漸毛骨聳戴，一齊拔足狂奔下樓向警署報案云。

這則新聞在上半部份再次引述住客說法，澄清沒有竹戰。下半部分，則詳說鬧鬼謠言。

然而，時至今日，坊間網上流傳「四人歸西」，所說的「真」，大多取自上述的幾則報道。為甚麼？是竹戰？是被捕者消失？還是最重要的，標題寫上「鬧鬼」呢？即使捕風捉影說是牌式，但牌式是報道中的「槓上花五筒滿和」，與「四人歸西」似乎沒甚麼關係，這點筆者不能理解。

網上謠言與麻雀的二三事

上述四則報道，最不清不楚是《華僑日報》的〈打牌鬧鬼四人打出六人〉。但到《大公報》指斥該報道愚民，又有來自《工商日報》的第三則報道，讀者自必然對故事

來龍去脈弄得清清楚楚；而第四則來自《工商晚報》的報道，也是再補足第三則，並排除竹戰的相關說法。

但坊間流傳的說法，故事安排都是以「四人歸西」的影視作品說起，然後引述上文提及的相關報道，言之鑿鑿，藉此加強都市傳說的可信度。有實有虛的流傳方法，使謠言更能「真有其事」般發展，而信者恆信。

然而，就「四人歸西」的禁忌原理，大抵與人性上的「趨吉避凶」有關。「西」聯結「歸西」，意即死亡。連續四次「西」牌出現，寓意不斷遇上「死亡」。「避凶」之舉，尚且合理。

但這個麻雀禁忌出自何時？那不如先看麻雀何時出現。

假設按沈一帆成書於 1914 年《繪圖麻雀牌譜》所指「麻雀之始⋯⋯不過三十餘年」之說，不過是 1880 年代前後，書中又指「麻雀之始，始於寧波，不過三十餘年，繼及蘇浙兩省，漸達北京」，指出寧波為麻雀發源地。如果身為說粵語的你，不想寧波爭了這光環的話，1933 年杜亞泉《博史》的說法便適合你，書中指出「先流行於閩粵瀕海各地及海舶間。清光緒初年，由寧波江廈延及津滬商埠」，主張麻雀來自閩粵兩地。麻雀熱潮，弄得京師也曾經要嚴禁。

無論何者，麻雀歷史雖然不過百多年，但可說是香港人重要的應酬消

〈京師嚴禁叉麻雀〉，《香港華字日報》，1909 年 7 月 20 日。

閒娛樂。戰後 1956 年香港政府規定麻將館須向警察牌照課申請，方可經營（合法化）。名義上，香港法例禁止賭博，所以麻將館牌照的英文名需要易名為「麻將學校」（Mahjong school，現時為「麻雀／天九牌照」）；所以打輸麻雀，被稱為「交學費」。

可惜，今非昔比，現時打麻雀年輕人愈來愈少。至於禁忌會否應驗，我不知道（筆者不會打麻雀），但「人品好，牌品自然好」這經典對白，應當是人性的體驗。

最後提一提，看電視說麻雀由馬吊演變，或許編劇及搜集資料人員認為胡適、瞿兌之等都相信這種說法，便認定無誤；然而，馬吊玩法跟天九較似，不是湊牌，故此兩者理應不同。

〈管制蔴雀館昨日起執行〉，《工商日報》，1956 年 3 月 2 日。

其他類
打生樁

你們這幫不肖的徒子徒孫！

我甚麼時候教過你們這種邪門的東西？

不要誣衊我！

魯班

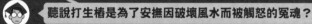 聽說打生樁是為了安撫因破壞風水而被觸怒的冤魂？

 謠傳來着，假的。

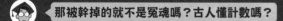 那被幹掉的就不是冤魂嗎？古人懂計數嗎？

 所以說了，這是謠言，假的。

每次建新大廈都先幹掉一兩個人，風水不是更壞嗎？魯班的腦子壞掉了嗎？

 所以說了！！這是假的！！魯班棺材板要壓不住了都！！

從千禧的新聞說起

2006 年初，何文田公主道水務署水管工程現場發現有七副兒童骸骨。於是有好事之徒說這是昔日的「生椿」。「生『椿』」之說是否「白造」？

不如先說一下打生椿是甚麼。坊間流傳的描述：打生椿是根據《魯班書》，因為在動土的時候，會破壞原本的風水，觸怒該處冤魂，從而導致不時發生建築意外。故此，在建築時需要尋找活人作打生椿之用，藉此安撫冤魂，即活人犧牲、活人祭祀。過去在香港三四十年代，建築工程每每需要一至兩名小童生葬。

內地亦有相關傳言，有人稱自己是地盤工友，使打生椿之說更生活化、更現實化：

記得以前在工地工作，聽老師傅說過打生椿，開始時還不太相信。但後來修建大橋，大橋的椿怎樣也打不進去，於是項目經理騙了一名農民，讓他去檢查一下，然後一車混凝土倒灌下去，賠償八十多萬了事。在當時，相對於建一條大橋，八十多萬不過是小數目。所以後來我總是好心提醒民工，如果打椿時叫你下去檢查，可千萬別去。

事件不知何橋何地，也不知何許人，但糢糊不清的解說，糅合人性的黑暗面（利己、不擇手段），幾可亂真。

當中有以下訊息：

　　一、打生樁可追溯自魯班時期，甚至「聲稱」是魯班發明；

　　二、保證建築工程順利，需要活人祭奠（特別是兒童）；

　　三、惡俗在今天某處仍有發生。

　　信不信由你，當然筆者不相信魯班會想出這奇怪主意來害人。但是，自小聽的故事，看的劇集，「打生樁」不時成為故事的恐怖橋段，空穴來風，事必有因。本着探究精神，於是筆者又做一個老動作 —— 看報紙，了解一下，舊時香港是否充斥着打生樁的故事。

1964 打生樁事件

　　翻開報章，找到了「打生樁」的相關事件。1964年，這一年，看似平淡，卻不平淡。11月6日來自《華僑日報》的一則新聞，標題很醒目，寫着〈荃灣謠傳拐小童打生樁　愈鬧愈大　謠言似有計劃各方注目　居民咸盼當局澈底澄清〉。

　　不妨留意一下內容中「一堆堆老婦大談特談」描述：

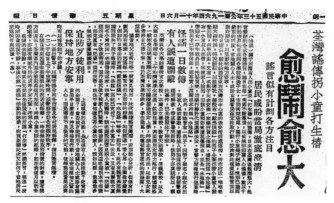

1964 年 11 月 6 日《華僑日報》刊載。

　　極說「戴黑眼鏡」的男子企圖拐帶小童被人發覺追捕，但卒逃去。又有一名男子向眾安街一家藥行買止傷藥，據說因為「水池路」有一小童被人拐帶，幸被家人搶回，而該小童頸部竟遭抓傷流血，至是「水池路」一帶婦女一律不敢外出，托渠買藥，請藥行夥計代為選擇云云。當警方聞報進行追查時，該男子已不知何去，而事實上荃灣根本並無「水池路」。

【怪謠一日數傳　有人誤遭圍毆】

　　此外，前晚曾有一男子，因帶了幾名小姪女外出，竟被人無故圍毆，據說被人誤認為拐帶，後經警察趕到解救，帶返警署問話時，該男子亦莫明所以，類此事件，已先後發生兩宗。

由於當年荃灣區已有不少學校，學生逾萬，謠言一出，惹起「接送潮」。當然，可憐是有人無辜誤遭圍毆。值得一看，還有以下分析：

據當地父老街坊指出，此次無稽謠言傳播，若加細心分析，似係有計劃甚至有組織，因為每一謠言中似是而非的結構，均似經過一番心思，企圖造成錯覺，例如昨日傳出的所謂「戴黑眼鏡」、「水池路」等等。即可見，此外有謠言甚至無稽到說失了孩子報案時，「差館」為此已支付了「十多萬元」云云。又有某廉租大廈兩名小童突由一老婦帶送返家，當家人致謝時，該老婦說因看見兩小童被一「肥婆」想拐走，才搶救帶回。這件事其後被家人們發覺一個破綻，因為老婦根本不相識，即使真有「肥婆」進行拐帶，她也不會知道是否小童的家人，諸如此類，愈傳愈多，無知之輩擾擾攘攘終日。

除了這些分析外，也提到「宜防歹徒利用　保持地方安寧」，並指出大埔區及元朗區先後發生過「打生樁」的謠言。

兩日後，11 月 8 日的《工商晚報》有一則題為〈荃灣謠傳有人拐小童打生樁　警方窮追之下查出謠言來源　該區近來并無小童失踪紀錄〉。內容提及到：預料將可逐漸減緩荃灣區內日來打生樁的謠言，當地警方的嚴

密偵查，以及官紳的闢謠，一般相信所謂有人拐小童「打生樁」的荒誕無稽謠傳，將可不攻自破，而日漸歸於自生自滅。

並且，對於謠言的由來有以下分析：

1964 年 11 月 8 日《工商晚報》刊載。

已獲若干源由，認為是各種穿鑿附會，而相因相成，例如各類均屬其中之一。

（一）由於新界反飛組成立後在荃灣區積極查緝阿飛活動，不少阿飛被拘，其家長亦由警方傳晤，並將阿飛照相紀錄，因而一般家長均誠恐自己兒女流為阿飛而影響體面。有些家長更將錯就錯，利用拐幫恐嚇自己兒女勿外出玩耍，一位母親即曾藉此嚇阻她的兒子放紙鳶。（筆者按：阿飛指飛仔、古惑仔、黑社會、三合會）

（二）有些小童在外犯錯，例如誤時返家，失慎跌傷之類，誠恐父母責罵，竟捏造被拐帶故事，企圖矇騙，因而以訛傳訛，某村一名女童即因同樣說

謊被查出。

（三）又曾有些小童於放學後在外遊玩，遲不返家，以致家長慌忙四出尋覓，本來事後均已尋獲，但當家人四處向人詢問尋覓兒女時，到處驚動，事後人們輾轉相傳，祇說某人兒女被拐去，卻根本並未留意到所謂被拐的小童，祇是於放學後去了看電影或者打波子，遲了經返家。

（四）一般家長於獲聞謠言之後，為謹慎計，多會有寧可信其有的心理，自行送兒女上學，並接放學，等到了學校，發覺人們亦接送，於是彼此相傳，接送家長愈來愈多，大家聚頭談論，謠言也就更盛。

其實即使今日，身為父母，聽到有拐子佬、拐子婆出沒，也格外小心。

同日《華僑日報》後續的報道，題為〈拐帶小童「打生椿」荃灣滿城風雨　證實由女童捏造的故事　疑神疑鬼不啻庸人自擾〉。內容大概指：十二歲女童出街玩耍，不慎跌崩牙，怕家人責罵，靈機一觸，搬弄不知從何聽來的「打生椿」，捏造故事，成了掀然大波的謠言。

事件看似會告一段落，一切向好，豈料謠言像有腳一樣，向外擴散。11月10日的《工商日報》及《工商晚報》（右），報道「打生椿」已擴展至深水埗蘇屋村。警方唯有繼續闢謠。

至於在荃灣區的謠言，據11月14日《華僑日報》〈荃

1964 年 11 月 8 日《華僑日報》刊載。

1964 年 11 月 10 日《工商日報》
刊載。

1964 年 11 月 10 日《工商晚報》
刊載。

灣打生椿謠傳尾聲　謠言戛然而止　家庭工業却蒙受損失〉所指，正逐步停止。

但到了 11 月 15 日，《大公報》〈打生椿謠言荃灣傳到柴灣　實是生安白造　警方追查來源〉的報道，顯示謠言擴展到柴灣。

警方對於謠言，除了不斷的闢謠，就只有不斷用行動或數字說明謠言僅為謊言。故此，到了 11 月 20 日，《大公報》標題為〈對付打生椿妖言　警方表示將採行動〉，內容指出：從八月至十月的三個月內，共有二百十一名十歲以下小孩失蹤，其中一百九十九名已尋回。警方目前正繼續找尋其餘十二名小孩下落，相信會一個個找回來的。

事件發展到警務處長發表聲明。11 月 21 日《大公報》〈警務處長昨天再發表聲明　打生椿謠言源出錯誤傳聞　荃灣有一女童在外嬉戲摔交受傷　回家怕受責謊說被綁架事被訛傳〉，內容不多說，前文已說了太多。

1964 年 11 月 14 日《華僑日報》刊載。

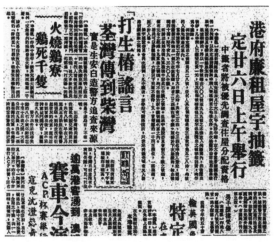

1964 年 11 月 15 日《大公報》刊載。

1964 年 11 月 20 日《大公
報》刊載。

1964 年 11 月 21 日
《大公報》刊載。

　　或許，平民對於警方的闢謠之說有保留之外，反之謠言似乎更為有力。

　　同日，《大公報》刊登了一則〈打生樁謠言造成的事件 學生被疑拐帶小童 慘遭毒毆身受重傷 婦人勸解受株連亦被打一頓〉報道，事件發生在橫頭磡，謠言廣泛擴散使社會大眾更為不安。

　　翌日，22 日於《華僑日報》題為〈拐小童全非事實 打生樁盡屬謠言 公民協會動員對居民解釋〉，開始由社會賢達出來闢謠，內文提到「公民協會對於觀塘及黃大仙徙置區居民誤信此謠言而阻止子女返學情事，殊為關心。」

　　及後，23 日，《大公報》〈從謠言造成的慘劇談起 —— 打生樁不過是道聽途說的訛言〉，傳媒嘗試透過報道分析，全力闢謠。希望改變社會氛圍和大眾看法。不過，24 日，《大公報》再有報道，題為〈屋地有價 向高

1964 年 11 月 21 日《大公報》刊載。

1964 年 11 月 22 日《華僑日報》刊載。

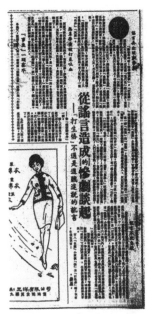

1964 年 11 月 23 日《大公報》刊載。　　1964 年 11 月 24 日《大公報》刊載。

發展　坪洲島將出現高樓　打生椿謠言傳至南丫〉，可見謠言在市區和新界離島也有蹤影。

　　同日，《華僑日報》報道〈工友座談打生椿　指斥謠言須冷靜　無知婦孺亦被工友說服　稍有常識不會以訛傳訛〉。或許，傳媒可以透過這些報道，以通俗的故事，一改大眾對打生椿的迷信。前半部分報道是說打生椿的迷信；而後半部分的例子，尚算有理：

　　　　威尼斯是海市，巴爾幹島的荷蘭，他可以說是
　　　一個水國，他們從海中建起堤圍，從而增加國家領

1964 年 11 月 24 日《華僑日報》刊載。

土，但他們在海中建築堤圍的時候，不是要打更多的椿麼？但他們並沒有用童男童女去打生椿（從未見書報刊載過），這是他們科學的成功。

同一道理，香港是英國的屬地，英國是工業先進的國家，他們的科學家是發達的，建堤工作，縱不如荷蘭，但卻可以吸取經驗，或者借助人才，去從事建築巨大的海上工程，又何致於容許建築商人，為了完成工作而傷殘小生命呢？無論從科學上、人道上、法律上、這些謠言，都是站不住腳的。無奈，此時此地，對科學無知的人太多，所以……。

這段解說，通俗得來有例有理。如果今日打生椿之說仍能廣泛流傳，其實是否反應社會大眾對於「人道上」、「科學上」，抱有極大疑慮呢？（苦笑）

其後，25 日《華僑日報》〈公民協會討論打生椿謠言〉，提出警方「應特別注意於調查有關小童失蹤或遭綁架的一切消息」。

到了 11 月 27 日，《工商晚報》刊載一篇〈一聲拐小
童打生椿　莽漢打傷人　今晨被判入獄一月〉報道，似乎
揭示「打生椿」事件步向終結。到了 28 日，《華僑日報》
及《大公報》也刊登了上述判案的報道。

最後，回應本文一開首提及 2006 年的報道，其實
何文田原是墳地，有七具兒童屍骸，本不足為奇。而有說
「打生椿」是出自《魯班書》或魯班，其實也是冤枉，查
無實證。

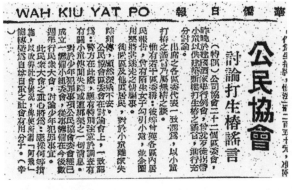

1964 年 11 月
25 日《華僑日
報》刊載。

1964 年 11 月
27 日《工商晚
報》刊載。

＃ 其他類

高陞戲院雞人

救命啊
是雞人！

這東西長得
好奇怪！

雞人的故事破綻百出，就算深雪沒有澄清，
也不可能有人信以為真吧？？

世界那麼魔幻，聽起來愈假，
有時候愈真。

是這樣的嗎？

是的。

那希望明天的六合彩，本人能頭獎一注獨中
派彩一億五千萬。

駭人聽聞的雞人？

　　小時候，屋邨仔會相約朋友在屋邨四處玩，或許社會壞人很多，父母總會叮嚀小心拐子佬、拐子婆、陌生人，若不幸被騙，會被賣去大陸，斬手斬腳，淪為乞兒仔。物轉星移，如今長大了，也為人父母，會擔心兒女安危。筆者不時聽到家長群組的訊息，仍然是小心某區有拐子佬、拐子婆出沒，怕的也是小孩被賣去大陸，但變成了「活摘器官」。

　　小時候，被父母這番說話嚇得要命；長大了，被朋友這些說話嚇得要命。真假難測，今昔亦然。別誤會，筆者所指是父母擔心兒女之心今昔如一。

　　以下是一則網上流傳的「十大都市傳說」。稍作改寫：

　　　　動盪之時，人命卑賤。小孩之命更賤，被吃被烹，世道均視為平常事。若無被烹殺，亦僅有行乞一途。說來香港三十年代末、四十年初，民生困苦，四處乞丐。於高陞戲院外，有一後巷。晚來搭建帳幕，夜夜有人排隊，為一睹那「東西」。場內氣氛，與鄰近的高陞戲院相去甚遠。於帳內淡淡燈光，映照出那東西，在幕裏楚楚可憐。觀者瞠目結舌，是雞還是人？捲曲的身軀，僅具瘦小雙腿，臂膀沒了，卻滿身是硬硬的雞毛。臉孔面相，已區分

不了眼耳鼻舌；頭？盡是稀爛。以鎖鏈鎖着的所謂人，人稱「雞人」。有人說，此為人與雞混種而來，生於亂世，由冤孽而生。既是冤孽，自不可憐。那東西似是流淚，卻無舌呼哀。觀者稱之活該、下賤，指指點點，便將一夜消磨。

雞人之所由來？原來是拐來的孩童，用牙棒毒打，打至皮開肉裂。肉裂，正好安插支支雞毛於條條裂肉，數天之後，血淚始乾，裂肉似合，雞毛儼如自然生出。不夠，仍不如雞。孩童未死，啕叫不絕，哭聲干雲。拐子人惱怒間，拿起利剪，向口舌中劃過，割舌破口。孩童滿是鮮血，死的死，而總有生的生。生的，尚未如雞。孩童目瞪着利斧朝來一揮，雙手一架，光影一瞬。說不出話，接見雙手隨斧共墜。無雙臂，人形如雞。孩童臉孔，仍然是人，拐子人遂把刀鋒向孩童臉上指畫雕削。孩童死不了，便留帳中三數天，用作替換表演。新舊無別，雞不是雞，人不是人，雞人是也。孩童失去面相，摯親自必無法相應。或許，摯親都是排隊客，指指點點。

最終，秘密被揭發。高陞戲院後巷的帳幕，因一名逃脫的孩童被發現，可憐已被打得皮開肉裂。帳幕拆了，人家談論更多。人們說，雞人死了，夜半瞪眼，如雞動斷臂，呼叫依啊。哀叫聲遠，聽者想得到那東西沒了口舌的模樣。可怖。

當年是三十年代末的香港。後來，日軍佔領的香港，死者更多，傳說更多，人便忘了雞人故事。現在高陞戲院舊址，不知能否聽空洞的悲鳴，教人不寒而慄。

再三說明這是改寫，故事其實真有其文，是來自香港女作家深雪於 1991 年《YES！鬼世界》短篇小說《雞人》。但有趣的是，被網民誤傳成為真有其事，甚至「一字不差」將她的小說上載於互聯網，然後逐漸發酵成為都市傳說。這種「美麗的誤會」，發展到 2013 年 9 月 24 日，深雪在其網站澄清《高陞戲院的雞人》故事純屬虛構，並說明僅有高陞戲院為真實。

至於虛構的故事能夠變成都市傳說，幾可亂真，可說是對故事及作者一種「嘉許」。能夠「炒」得起一度成為網上流傳的「十大都市傳說」，「真實」的元素或許就是關鍵。

高陞戲院是真實？拐子佬又是否真實？三十年代的香港又是如何呢？

考古台

文學世界與現實世界交織

那年頭，確實是充滿「誘拐」的社會。隨便翻一翻舊報紙，便是「疑是誘拐」、「男／女童失蹤」，「誘拐案判決」、「審判誘拐案」。

1931 年 10 月 2 日《工商晚報》有一則〈拐帶案判決〉。

審判結果：每人入獄一年。

又如 1933 年 7 月 7 日《工商晚報》，便有兩則相關報道。

〈十二元買一少女〉、〈以松香作糖誘拐女童〉都是審判與判刑的新聞。後者審判結果：苦工監一年，並笞廿藤。

又，1938 年 1 月 16 日，《工商晚報》，也有一則判案，題為〈誘拐女童陳好被拘入獄〉。

這樣看來，「誘拐」的監禁年期好像不太長。另外，誘拐去做甚麼？這才是關鍵，雞人？抑或⋯⋯

1934 年 2 月 26 日，《工商晚報》有一則〈誘拐案再押候〉誘拐男童案的報道。報道旁緊接有一則〈戴金勝與薛嬌開設藏春洞〉，即開私寨。

當年，拐賣男童當乞兒、僕役，拐賣少女當娼妓、女僕、妹仔，販賣人口是「貿易」且「有市場」。

販賣男女幼童問題，與近代華人社會形態有關。在農業經濟社會，當迫於天災、戰爭，面對生活貧困或饑荒，父母典當子女行為普遍取得人們諒解。於是，貧困戶將女兒賣到生活較佳的地方做婢女，主人家買婢女獲得勞動力；更窮的，將男童賣到買主處做童役，如果買主無子，便可以為主家「延續香火」。

審判結果：苦工監六月。

審判結果：罰款二百五十元，或入監三個月。

　　雖說 1880 年代香港設立保良局，遏止誘拐婦孺；1921 年 8 月社會舉行反對蓄婢會首次會議，及後於 1922 年 3 月反對蓄婢會舉行成立大會，但是非法人口販賣貿易，仍是有價有市。

　　再看於 1931 年 4 月 23 日《香港華字日報》的一則〈離奇之誘拐案〉報道。由誘拐到判案，竟然是事主不願控告。（離奇）

這是一宗受害人不願控告匪徒的誘拐案。

故此，於 1930 年代的香港社會而言，保良局很重要；同時，也體現到社會風氣需要時間逐步扭轉。不過，報道多了，也標誌人們和社會對拐賣的議題愈見關注。

說了不少擄拐誘騙的報道，以下說回真實的現場 —— 高陞戲院。

富商李陞於 1868 年買入上環與西營盤之間、皇后大道以北的填海土地（今日國家醫院前的雀仔橋原是海堤）作為蓋建商舖和戲院。戲院，又稱之為戲園。據古物古蹟辦事處的描述，高陞戲院建於 1890 年間，樓高兩層，場內設有舞台，地下底層觀眾席均為長板位，二樓正中為女觀眾席，餘下兩旁為企位，故有「五百羅漢位」之稱。[1]

1　〈中西區文物徑，高陞戲院舊址〉，《古物古蹟辦事處》網頁，修訂日期：2018 年 7 月 31 日，網址：https://www.amo.gov.hk/b5/trails_sheungwan1.php?tid=31，瀏覽日期：2021 年 5 月 28 日。

到了 1900 年代，在香港島上的競爭對手僅餘同慶戲園（1865 年開業，後改名為重慶戲園）以及太平戲園（1904 年開業）。

於 1907 年 6 月 20 日，《香港華字日報》有一則報道，題為〈戲院之托辣斯〉。報道描述：

> 本港戲園，重慶、高陞、太平鼎足而三互相角逐。□生意不無□□。現高陞太平兩院已由重慶之何君承批，將來三園均歸其一人經理，此亦吾國托辣斯之萌芽也。

1907 年 6 月 20 日《香港華字日報》刊載。

托辣斯是英語 Trust 音譯，即商業信託。雖然有些字暫時未能辨認，但可以看到戲院行業壟斷於何君手中（現在香港有競爭法，某程度上不容許），統一價格，大可以實現利潤最大化。

說回頭，高陞戲園於 1927 年曾拆卸重建，故此雞人的故事背景中提及的 1930 年代的高陞戲院，理應是重建後的面貌。而高陞戲園由演粵劇的舞台，逐步發展成為電影院。在此期間，它更不時成為演說或接待的場所。

例如 1890 年 4 月 2 日，干諾公爵（Duke of Connaught and Strathearn）訪港，便是在高陞戲園

THE DUKE AND DUCHESS OF CONNAUGHT AT THE KO-SHING THEATRE.

Last night the Duke and Duchess of Connaught were entertained by the Chinese community at the Ko-shing Theatre, which had been specially and most elaborately prepared for the purpose by an influential and thoroughly representative Committee, presided over by the Hon. Ho Kai. Most of the leading residents of the Colony had been invited to meet the distinguished visitors, a number of naval and military officers also being present. The arrangements were complete in every detail, and the scene in the brilliantly lighted theatre was one to be long remembered. It is fashionable to be late now-a-days, so that it was no matter for surprise that the special guests of the evening did not arrive until about ten minutes past eight. Immediately after their arrival dinner was served, and how well everybody fared may be gathered from the following

MENU:

1. Birds' Nest Soup.
2. Stewed Shell-fish.
3. Cassia Mushrooms.
4. Crab and Sharks' Fins.
5. Roast Beef (à l'Anglaise.)
6. Roast Chicken and Ham.
7. Pigeons' Eggs.
8. "Promotion" (Boiled Quail, &c.)
9. Fried Marine Delicacies.
10. Roast Turkey & Ham (à l'Anglaise.)
11. Fish Gills.
12. Larded Quails.
13. Sliced Teal.
14. Peking Mushrooms.
15. Roast Pheasant (à l'Anglaise.)
16. Winter Mushrooms.
17. Roast Fowl & Ham.
18. Beche-de-mer.
19. Sliced Pigeon.
20. Snipe (à l'Anglaise.)
21. Macaroni (à la Peking.)

During the progress of dinner, which, by the way, was unusually well served, a company of Chinese actors—said to be about the best in the Empire—performed various well known and popular dramatic scenes or sketches for the amusement and entertainment of the guests. The Committee, with much forethought, had provided the following translations of the arguments in these comedies:—

THE EIGHT GENII CONGRATULATE THE GOD OF THE PLANET "VENUS" ON ATTAINING TO A GREAT AGE.

The stage is entered by eight Genii in various costumes (such as those of a Farmer, a Prince, &c.)

Han Chung-li :—Lo, here I am from the mountains.

Lü Tung-pin :—Behold flowers in bloom all around.

Ts'ao Kwoh-chiu / Hau Hsiang-tzu / Li Tieh-kwai :—A noise as of a drum has reached our ears.

Ho Hsien-kú / Lan Ts'ai-ho / Chang Kwoh-lao :—We too have heard the strange sound and been attracted here.

Han Chung-Li:—Hall! To-day we celebrate celebrate the anniversary of the God. So let us away to congratulate him and present him with our peaches and nectar, the Elixir of Life.

The other Genii :—Agreed! Agreed!

The Eight Genii together:—The ice-hills outside sparkle like diamonds. Our golden vessels brim over with choicest wines and fat of sheep. See, a lucky cloud floats on the horizon to proclaim our advent to the world. Here we have a decoction of carnations, and a life-giving peach culled from the orchard of Wang Mu, the Emperor's mother. The mortal P'eng Tsu celebrated his eight hundredth year with a feast to his well-wishers. First let us break into song shouting "Immortality! Immortality!" and then form in rank to offer our congratulations and perform the appointed rites.

圖為 1890 年 4 月 3 日 *The Hong Kong Telegraph* 報道。

款待，晚上上演〈八仙賀壽〉、〈跳加官〉和〈仙姬送子〉等戲目。

　　時移世易，到了 1973 年，高陞戲院拆卸，重建成今日的僑發大廈。高陞戲院沒有了，但看官如想在這裏感受虛構雞人故事，想像當年的氛圍，或許站在雀仔橋看過去，發思古之幽情，也是不錯的選擇。

其他類

校內永別亭

你又遲到！我在涼亭等你，你行動快點！

嗯？你坐在哪裏？

一個叫千里亭的涼亭。

（害怕貌）

我知你甚麼意思。我既不是長髮，又不是穿紅衣，不會嚇其他人一跳的。

（繼續是害怕貌）

你到底幹甚麼？我說了我很小心的，不會讓人誤會撞鬼。

（害怕貌）人家沒有撞鬼，係你撞鬼……

你甚麼意思？

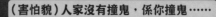（害怕貌）個亭一早給拆了……不再存在了……

校內有孤墳？

在香港，很多校園裏都流傳着鬼故事。想起來，那些故事蠻千篇一律的。其前身不是亂葬崗，就是做過日軍迫害人之地，又或曾發生命案。然而，當追查起來時，卻甚麼蛛絲馬跡都找不到。不禁令人懷疑，這間學校就連一隻甲由都未曾死過⋯⋯

今日要向各位讀者介紹一間學校，在其校園後山真的有墳墓。而且，不只存在於過去，是到了現在仍然可以見到的。那就是嶺南大學。嶺南大學在 1995 年（當時仍為嶺南學院）遷入虎地新址，即今日的校園所在地。雖然嶺南大學能在這裏建設校園，可是根據政府的規劃，四周的墳地不屬於大學用地。於是，縱使是今時今日，若從賽馬會堂宿舍和圖書館望向後山，你就能看見大量墳墓。原因是嶺南的後山實為附近虎地村、藍地新村等村的殯葬區。正因為墳墓數量眾多，嶺南學生曾謠傳虎地之名來自「地府」。這種說法無疑是胡編亂造，可是亦能顯示墳地的存在為學生們帶來了不安的感覺。

不過，本章跟大家分享的故事，不是來自嶺南大學後山，而是來自大學校園裏。在嶺南大學的校園內既有墳墓，亦有永別亭。對！讀者們沒有看錯，墳墓和永別亭均在校園內啊！

在大學黃玉蘭樓附近，有一座義塚以及一座永別亭。根據嶺南大學學生會編的《嶺南人》資料，該義塚是昔日

嶺南大學校園內的義塚和永別亭。照片來自《嶺南人》第114期。[1]

有人將無人認領的遺骸重新安葬,以祈積陰德求福報;而永別亭則是方便拜祭者小歇之用(到底是否真的如此,本章較後的部分會探討)。根據《嶺南人》資料以及筆者向曾就讀嶺大的同事求證,永別亭的周圍建有高牆,裏面的環境和氣氛像是自成一格。被高牆圍起來的地方雜草叢生,且有一棵大樹生長在裏面。加上看起來不像經常打理,雖然談不上陰森恐怖,但以荒涼冷僻形容可是不假。總而言之,高牆內外的環境毫不協調,像是兩個完全不同的地方。

在這種環境下,又怎會傳不出鬼故事來呢?!

有傳聞指大學曾多次嘗試拆掉義塚。可是,每一次動工的時候,負責的建築工人不是受傷就是患病,總是沒有辦法進行工程。之後又有傳聞指,早在當初動工興建

1　艾迪叔叔:〈尋找我們腳下的土地:虎地的前世今生〉,載嶺南大學學生會編輯委員會編:《嶺南人》,第114期,頁38。

校園時，已經發生過很多靈異的事。例如，有工人說曾在工地見過身穿長衫的大叔及長髮姑娘，可是工地一向不准許閒人內進。又有一說指，即使在校園未完成工程之前，已有工人能辨認出哪些地方最猛鬼，包括圖書館下層的停車場、飯堂裏角落的位置、賽馬會堂宿舍（即北宿）前面的路以及校長住處。有網絡上更是有傳，（不知哪位）堪輿學家說嶺大冤氣籠罩，風水學上以水鎮邪效果最好，因而嶺大校園內水池特別多（根據《嶺南人》的小編說，蚊也特別多（￣▽￣)~＊）。即使是時至今日，只要在網絡上搜尋嶺大鬼故事，各位讀者不難見到與之有關的鬼故事呢！例如，穿長衫的人在義塚旁徘徊、[2] 工人拆義塚時嚇得連工具也匆忙丟下、[3] 女鬼靜靜地坐在永別亭內等。[4]

嶺大是我們蚊的地盤，鬼不要來搶！

| 多蚊警告圖 |

2　TOPick 柴犬出動：〈【十二傳說】港大荷花池女鬼徘徊　破解香港各大學七不思議事件〉，《香港經濟日報》，2019 年 7 月 17 日。

3　尼奧：〈得一間搵唔到！ 14 個嚇壞人的大學鬼故〉，《東方新地》，2020 年 8 月 11 日。

4　尼奧：〈十三個嚇壞人的大學鬼故！只有一間冇出過事〉，《新假期》，2020 年 8 月 28 日。

學術台

永別亭到底是甚麼？

上文曾經提及過「永別亭」，在學生會編輯的《嶺南人》中指「永別亭」是：「義塚旁的永別亭則可能是方便拜祭者小歇」之用。事實上，這個說法準確嗎？如不準確，「永別亭」到底是甚麼呢？

好了！先讓筆者告訴大家正確答案，然後再作解釋吧！如果你讓老人家聽到你說：「真累！讓我在永別亭小歇一下吧！」他的反應大概是：「呸！大吉利是！不要亂說話！」大家猜到了吧？永別亭不是給生人用的，而是給亡者用的。主要是用來為亡者進行殯葬儀式之用！別再忘記唷！

根據彭淑敏、陳鮮叡及陳顯揚三位學者在一項名為「逝者善終、生者善別：圖解香港華人喪葬禮俗」的研究所示，永別亭為辭靈亭，乃日後殯儀館之雛型。按《圖解香港華人喪葬禮俗》的資料，昔日出殯有遊街的儀式，遊街規模盛大，一般需要一至兩小時才能夠完成。當然，這也要視乎喪親家屬的經濟能力、背景、信仰及鄉例等而有所不同。

原本，在未有辭靈亭前，辭靈儀式一般僅在空地荒地上進行。假如喪家安排靈柩在出殯後落葬，則會於遊街儀式結束後，在墳場附近的無人荒地上進行辭靈儀式，然後

一路好走圖

下葬。鑑於遊街的送葬親友飽受日曬雨淋之苦，東華三院遂於二十年代在華人墳場附近興建多座辭靈亭。[5] 辭靈亭雖然有不同的名字（香港西環堅尼地城的叫「一別亭」、東區掃桿埔的叫「惜別亭」、薄扶林道的叫「永別亭」、九龍何文田村的叫「千里亭」等），但是性質上都是一樣。辭靈亭為辭靈儀式的主要場地。喪家往往在辭靈亭結束遊街儀式，然後在此舉殯或進行各種各類的奠祭儀式。

在辭靈儀式完結以後，送葬人士會收到喪家所發之吉儀。收到吉儀的親友可以選擇離去，或可以選擇繼續參與落葬儀式。如果喪家決定另選吉日下葬，靈柩將會暫存於厝房或義莊之中，送葬人士亦會在辭靈儀式完結後散去。

由以上的資料可見，永別亭不是給生人用的，別在疲累的時候坐在裏頭休歇。不然的話，被別人看到時，又不知會傳出怎樣的故事來！

5　彭淑敏著，彭淑敏、陳鮮叡、陳顯揚編：《逝者善終、生者善別：圖解香港華人喪葬禮俗》（香港：衛奕信勳爵文物信託資助，2018），頁 13。

後記

　　回顧這幾年寫過的、做過的，由開始寫第一本都市傳說的書計起，現在是第三年了。第一年是扮旅遊書的《香港都市傳說全攻略》、第二年是扮食譜的《鬼王廚房》，今年是扮百科全書的《香港都市傳說大百科》（其實今年筆者還會出版一本《完全鬼故事寫作指南》，請多多指教），筆者要在此感謝中華書局（香港）有限公司對我們多年來的支持，尤其是副總編輯黎耀強先生以及本書的責任編輯郭子晴小姐。用佛教的緣起法來說，縱然筆者胸中有再多的想法希望寫出來，沒有中華書局以及黎先生這樣好的前輩支持，各位讀者都不會在市場上見到這些書。期望未來繼續有因有緣，為各位讀者帶來更多都市傳說和鬼故事，以及相關的文化知識！

　　由於要認真地惡搞旅遊書，《香港都市傳說全攻略》的內容多數與地方相連。例如，「大澳」盧亭魚人、「北角」七姊妹傳說、重複的「太子站」等。書中先講故事，再用學術的角度分析。拙作如此設計，是盼讀者們在享受閱讀都市傳說和鬼故事的同時，亦了解到它們可以藉學術

理論進行拆解。筆者亦希望在此多謝各位讀者的支持，今年《攻略》要翻印第四版了。惡搞系列的第二輯是《鬼王廚房》，看起來惡搞的是食譜，可是其實亦並沒有惡搞。它是一本真真正正的食譜，只是食譜的對象不只是一般人而已。書中的套路由一個人新死開始講，如果一個人死了，他未入土之前仍與食物有緣嗎？人死後若入六道不同界別，例如地獄道、餓鬼道，他還可以吃嗎？若有人能夠位列仙班，他吃的又會是甚麼呢？此書希望能為讀者們帶來「飲食」crossover「死亡」的冷知識，了解這獨特飲食文化背後的宗教和文化意義。

至於此書《香港都市傳說大百科》，筆者認為它比較似《攻略》。不同的是由於惡搞對象是百科全書，那就沒有了《攻略》要講與地域有關的故事這限制。凡是都市傳說都可以納入其中，因此有了不少《攻略》沒有的類別，例如：異獸類和鬼怪類。而且，此書之中更是增設「學術台」的部分。「學術台」主要是借題發揮，向讀者講述與該傳說相關的歷史和文化元素。希望各位讀者會喜歡。

今年寫到第三本了，回想一下自己寫書的動機其實有二。一來就如《廚房》的〈後記〉所言，是希望可以向讀者們展示文史哲的知識也可以很有趣。二來在撰寫首兩本書的時候，筆者們發現不少香港都市傳說和鬼故事的資料都漸漸湮沒和消失了。如果有讀過《攻略》的朋友都知道，香港在早年的時候，傳說和鬼故事是會刊行於紙上（包括報章港聞版和書本）。可是，由於認真對待都市傳說和鬼故事的研究少之又少，所以這些資料若沒有人再提起，它們很可能隨時間流逝而消失。另外，縱然坊間有不少人對香港都市傳說和鬼故事很有興趣，同類型的書籍出版不斷，網絡上相關的話題長期出現，卻加速了資料的湮沒和消失。為甚麼呢？因為絕大部分的書籍及網上討論都欠缺資料搜集和選用的嚴謹性，造成更多的版本，加速了湮沒「原裝正版」的傳說和鬼故事。

在這種情況之下，筆者的「學者魂」驅使着我們繼續寫、繼續寫。也許那只是一個傳說，我們都極力找出個源頭來；也許找不到個源頭來，但我們都有根有據地列出不

同的版本來。總而言之，為都市傳說和鬼故事找個源頭，對傳說和故事的版本作出考查，將不同的版本列出和比較，令都市傳說和鬼故事以及背後的文化含意繼續流傳下去。這也可算是筆者撰寫這一系列的書之原因。希望各位讀者日後仍繼續多多支持。謝謝！

潘啟聰

香港 都市傳說 大百科

香港史學會叢書

施志明　潘啟聰 ⓜ

責任編輯　郭子晴
裝幀設計　Sands Design Workshop
排　　版　Sands Design Workshop
印　　務　劉漢舉

出版
中華書局（香港）有限公司
香港北角英皇道四九九號北角工業大廈一樓 B 室
電話：（852）2137 2338　傳真：（852）2713 8202
電子郵件：info@chunghwabook.com.hk
網址：http://www.chunghwabook.com.hk

發行
香港聯合書刊物流有限公司
香港新界荃灣德士古道 220-248 號荃灣工業中心 16 樓
電話：（852）2150 2100　傳真：（852）2407 3062
電子郵件：info@suplogistics.com.hk

印刷
新精明印務有限公司
香港香港仔大道 232 號城都工業大廈 10 樓

版次
2021 年 7 月初版
2024 年 2 月第 3 次印刷
© 2021 2024 中華書局（香港）有限公司

規格
32 開（210mm×148mm）

ISBN
978-988-8759-50-7

現在你知道了。

是的，我知道了。

那麼？

那麼我先走了。